LÜNEBURG

Salz-Ewer am Stintmarkt – erinnert an die gute alte reiche Salzzeit

LÜNEBURG
DIE 99 BESONDEREN SEITEN DER STADT

entdeckt von Knut Diers

mitteldeutscher verlag

Inhaltsverzeichnis

StadtRAD

Raths-Apotheke

Kreativ und lebendig in Rot, Blau, Weiß

Puppenstube, rote Rosen und Mittelalter – das wäre schon mehr als genug für einen Besuch in Lüneburg. Es ist eine mittelalterliche Stadt mit Gassen aus denkmalgeschützten Häusern – fast wie in der Puppenstube. Die ARD-Nachmittagsserie „Rote Rosen" wird jeden Wochentag gesendet und in Lüneburg gedreht.* Weit mehr als 2.000 Folgen sind schon über die Bildschirme geflimmert. Die lebensnahen Dreharbeiten verwirren gelegentlich die Passanten. So nahmen neulich einige ein von der Regie vorgegebenes „Haltet den Dieb!" wörtlich. Die zwei Bewohner, die den vermeintlichen Dieb, der für eine Folge der „Roten Rosen" unterwegs war, festhielten, wurden später sogar vom Oberbürgermeister für ihre „Zivilcourage" ausgezeichnet. Es hätte ja ernst sein können.

Lüneburg lebt. Es hat quirlige Plätze wie den Stintmarkt oder Am Sande. Es hat das Museum Lüneburg für den besten Überblick zum Verstehen. Die Gastronomie ist vielfältig wie sonst nur in Großstädten. Und Lüneburg ist mehr. Hier leben 9.000 Studenten – ein Zentrum der Kreativen. Dazu kommt ein ausgefeiltes Kulturangebot. Jüngstes Beispiel ist die „Kulturbäckerei" mit ihren Ateliers und Veranstaltungen und dem Sinn für Historie. Es überzeugen die Orte von Kunst, Theater und Musik. Und sind Sie schon mit dem historischen Heide-Express gefahren? Ein Erlebnis! Vom Schiffshebewerk in Scharnebeck bis zur Mühle in Bardowick liegen noch viele Besonderheiten in der Nähe.

Rot, Blau und Weiß leuchten als Farben des Glücks: Der Backstein, die Ilmenau und das Salz sind hier die wesentlichen Elemente. Tauchen Sie ein, erkunden Sie das Besondere!

* Drehorte der Serie sind in diesem Buch mit RR gekennzeichnet.

Das Ensemble aus alten Häusern ist lebendig

Der Kiez an der Ilmenau RR

1

Am Stintmarkt
21335 Lüneburg
www.luenburg.info

Es ist das schönste historische Ensemble der Stadt – der Stintmarkt im Wasserviertel. Die Häuserzeile hat Bilderbuchcharakter. Weit mehr als die Hälfte der Gebäude in diesem Viertel wurde vor 1850 errichtet, nur 17 Prozent nach 1900. Hier Platz nehmen und genießen – das ist ein leicht zu erfüllender Traum. Und weil das Wasserviertel schon immer ein Kiez war, ist dieses quirlige Leben mit den vielen Lokalen pure Tradition.

Lüneburg war schon im 13. Jahrhundert, als das Hafenbecken an der Lüner Mühle und Abtsmühle gebaut wurde, ein Knotenpunkt für den Warentransport. Die Ilmenau war der Handelsverkehrsweg zur Elbe und weiter nach Hamburg oder Lübeck. Die Händler mussten in der Stadt ihre Waren anbieten. Lüneburg besaß die Stapelrechte und musste entsprechend Platz bieten. Brennholz in großen Mengen für die Salzsieder und den Hausbau trafen ein. Die Lüneburger Flotte hatte rund 100 Schiffe in ihrer Blütezeit. Zwei davon dümpeln vor dem Stintmarkt. Es sind ein Salz-Ewer, ein Segelschiff mit Flachkiel, und ein Salzprahm; das ist ein geschleppter Kahn, der also keinen eigenen Antrieb hat. Beide Schiffe wurden von der Bildungs- und Projektwerkstatt „Salzwerkstadt" nachgebaut. Darin wurde früher das kostbare Salz in die großen Häfen und zu den Abnehmern gefahren. Anfangs zogen kräftige Männer vom Ufer aus an langen Seilen die Boote durch die Ilmenau: Treideln genannt. Der Pfad in Richtung Bardowick ist heute mit dem Rad gut befahrbar (siehe Nr. 87). Zur Hochzeit der Saline vom 15. bis 17. Jahrhundert mussten jährlich mehr

Nachts wurde der Hafenausgang mit einem Baumstamm mit Eisenspitzen sowie einem Schloss verriegelt.

Vom Alten Kran aus zeigt sich der Stintmarkt prächtig

als 10.000 Tonnen Salz allein nach Lübeck verschifft werden. Ein Teil gelangte auch auf dem Landweg über die Alte Salzstraße zu anderen Hansestädten, doch war der Wasserweg weitaus sicherer und effektiver.

Am Stintmarkt tummelten sich also Handwerker, Schiffer und Fischer in engster Nachbarschaft. Der Stint ist ein bis zu 30 Zentimeter langer Meeresfisch, der an den Küsten von der Ostsee bis zur Biskaya unterwegs ist. Er wurde hier gehandelt und quer durchs Land weiterverkauft – ein wertvolles Privileg. Nachts wurde daher der Hafenausgang verriegelt. Dazu diente ein Baumstamm mit Eisenspitzen, über den ein Wächter die Hoheit hatte. Er wohnte im „Baumhaus" am unteren Ende der Baumstraße ein paar Meter flussabwärts vom Stintmarkt. Den Schlüssel vom Schloss des Hafenbalkens musste der Wächter abends beim Bürgermeister abgeben. Schließlich sollte kein

Schiffer entwischen, ohne vorher die fällige Hafengebühr entrichtet zu haben.
1302 wurde das „Häringshaus" erstmals erwähnt. Es stand an der Stelle des heutigen Alten Kaufhauses. Bis in die 1960er-Jahre konnten die Lüneburger am Stintmarkt noch frische Fische kaufen. Seit 1345 stand ein Vorgängermodell des symbolträchtigen Holzkrans am Fischmarkt, der das Be- und Entladen der Ewer erleichterte (siehe Nr. 10).
Seit 2007 genießt das rund 9,4 Hektar große Wasserviertel von der Nicolaikirche bis zum Alten Kaufhaus, von der Rosen- bis zur Baumstraße eine Städtebauförderung. Sie ist auf 15 Jahre festgelegt und soll die historische Bausubstanz erhalten. Rund 910 Menschen leben hier in einer der Urzellen Lüneburgs.

Nachgebaute Schiffe erinnern an den Salzhandel

Das größte mittelalterliche Rathaus Norddeutschlands ist ein Original

Das Rathaus ist ein filigraner Schatz [RR]

2

Tourist-Information
Rathaus
Am Markt
21335 Lüneburg
Tel.: 0800 2205005
www.lueneburg-erleben.de

Schon diese Barockfassade von 1720 ist einmalig! Zehn hohe Figuren zieren die Säulen. Eine riesige Uhr tickt am Giebel. Ganz oben in der Spitze erklingt ein Glockenspiel. Die 41 Glocken aus Meißener Porzellan schlagen Melodien des Lüneburger Komponisten Johann Abraham Peter Schulz an, der gleich um die Ecke in der Waagestraße wohnte. Doch das Glockenspiel, stöhnen die Einheimischen, geht leider etwas vor. Es stammt aus den 1950er-Jahren, hat noch Walzen und Lochbänder und ist schwer zu justieren. Der Hausmeister, der das beherrschte, ist schon in Rente. Gelegentlich soll jemand kommen, um es nachzustellen.

Schon 1230 wurde mit dem Bau des größten mittelalterlichen Rathauses Norddeutschlands begonnen. Jede Epoche, jeder Baumeister fügte seinen Teil an, und so können die Besucher heute einen organisch gewachsenen Rathaus Komplex umrunden. Er misst 111 Meter an der längeren und 40 Meter an der kürzeren Seite. Die Elemente sind innen nicht verbunden. Einige, wie der frühere Ratssaal und das Treppenhaus, werden vom Seiteneingang Am Ochsenmarkt aus nur für Führungen genutzt. Andere Gebäudeteile, durch Tür D (Personalamt) oder Tür E im Innenhof zu erreichen, stehen den Mitarbeitern zur Verfügung. Übrigens werden beide Türen auch als Motive für die ARD-Serie „Rote Rosen" benutzt. Die Szenen für ein dahinterliegendes Modeatelier (Tür D) oder eine Schusterwerkstatt (Tür E) in der Serie drehen die Akteure allerdings in den Fernsehstudios am östlichen Stadtrand in der Lilientalstraße 1.

Zwei Türen im Innenhof führen zu vermeintlichen Drehorten der beliebten ARD-Serie „Roten Rosen".

Der Innenhof des 111 Meter langen Rathauses erinnert an ein Landgut

Die prächtige Gerichtslaube innen ist mit beeindruckenden Decken- und Wandgemälden ausgestattet. Die Ratsherren saßen zu Gericht auf Lederkissen und genossen Fußbodenheizung. Erhitzte Findlingssteine wurden unter der Holzdecke in Position gerückt, so dass heiße Luft aufstieg. Die spätgotischen Bleiglasfenster sind einzigartig. Der Fürstensaal war mit 34 mal 12 Metern ohne jegliche Säulen der größte dieser Art in der damaligen Zeit. Konzerte, Vorträge und Empfänge werden dort heute noch abgehalten. Viele Wandmalereien stammen von Daniel Frese, der bis zu seinem Tod 1611 in Lüneburg Jahrzehnte mit den Arbeiten im Rathaus verbrachte.

Von filigraner Raffinesse zeugt auch das Schnitzwerk im Eichenholz der Großen Ratsstube. Hieran zeigte sich das Können Albert von Soests. Er orientiere sein Schaffen an Albrecht Dürer und lebte bis zu seinem Tod 1589 in Lüneburg. Auch die

Galvanokopien des Ratssilbers sind einen Blick wert. Es bestand einst aus 253 Teilen und wurde nur für besondere Anlässe aufgelegt. 1636 gaben die Lüneburger einen Großteil an die Schweden, um sich so vor Brandschatzungen zu schützen, was auch gelang. Der größte erhaltene Silberschatz einer deutschen Stadt – aus Lüneburg – ist im Original heute im Kunstgewerbemuseum Berlin ausgestellt. Beeindruckend ist der Große Gießlöwe von 1540. Er diente dem Befeuchten der Hände vor den Mahlzeiten.
Draußen an der Marktseite liegt noch das hübsch ausgemalte Niedergericht. Dort sprachen die „umstehenden" Bürger Urteile, was zu der Redewendung „den Umständen entsprechend" führte.

Reich verziert ist das Niedergericht an der rechten Ecke der Fassade

Der 7,57 Meter lange Einbaum wurde 1903 an der Elbe gefunden

Die beste Art, die Stadt zu verstehen

3

Museum Lüneburg
Willy-Brandt-Straße 1
21335 Lüneburg
Tel.: 04131 7206512
www.museumlueneburg.de

Als eines der herausragenden Museen in Niedersachsen präsentiert sich das Museum Lüneburg seit 2015 in neuer Form. Es integriert den Altbau und alte Bestände und beleuchtet in sieben sehr übersichtlich und gut aufbereiteten Abteilungen sinnfällig nachvollziehbar die Rolle des Menschen als Gestalter der Lüneburger Kulturlandschaft. Mit Erklärungen in Deutsch und Englisch beginnt der Rundgang an weißen Vitrinenblöcken und einer großen Wand, die die Eiszeit symbolisieren. Die Betrachter bleiben gebannt stehen, um nacheinander Neandertaler, Mammuts, Rentiere und Lagerfeuer auf die Wand projiziert zu sehen. Reste von Rothirsch oder 340.000 Jahre alte Birkenblätter konnten in Kieselgur erhalten bleiben. Auch ein Modell des Salzstocks unter Lüneburg, der sich in 250 Millionen Jahren bildete, beeindruckt.

Im ersten Stockwerk liegt ein 1,2 Tonnen schwerer Einbaum, der nie vollendet wurde. 1903 wurde das 7,57 Meter lange, halb ausgekerbte Eichenholz bei Vietze an der Elbe gefunden – rund 60 Kilometer südöstlich von Lüneburg. Auf das 11. bis 13. Jahrhundert ließ sich der Fund eingrenzen.

Die Ebstorfer Weltkarte hat 3,50 Meter Durchmesser und war um 1330 die größte und detailreichste Darstellung der Welt.

Ein besonderer Höhepunkt der Reise durch die Vergangenheit ist die Ebstorfer Weltkarte von 1330. Das Original befand sich 1943 in Hannover und wurde zerstört. Dies ist eine Reproduktion der einst größten und detailreichsten Karte des Mittelalters. Sie bestand aus 30 zusammengenähten Schafshäuten. Auf 3,50 Metern Durchmesser vereinte sie Wissen, Glauben und Aberglauben meis-

Der Falttisch von 1330 ist das älteste Tischmöbel Deutschlands

terhaft. Wer sich das farbig ausgemalte Werk mit Jerusalem im Zentrum genauer betrachtet, findet Osten ganz oben und Lüneburg recht groß unten links bei dem kleinen Hannover.

Größeren Raum nimmt das Wechselspiel von Natur und Kultur im Raum Lüneburg ein. An einer Tafel sind Landschaftsveränderung und Klimawandel mit dem Auf und Ab der Menschheit dargestellt. Unter „gründen & bauen" wird die Vormacht Bardowicks deutlich, die anhielt, bis 1189 Heinrich der Löwe die Stadt zerstören ließ. Erst von da an gewann Lüneburg an Bedeutung. Das älteste Tischmöbel, ein Falttisch von 1330, ist unter Glas zu sehen. Insgesamt 40 mittelalterliche Wappen sind aufgemalt. Einst wurde das gute Stück für eine Hochzeit gezimmert. Dank Scharnieren ließ es sich, ähnlich einem Tapeziertisch, zusammenklappen. Der Falttisch ist das älteste Tischmöbel Deutschlands und Teil der sogenannten „Kalkbergbeute". Von dort ist

er dann bei der Stürmung der Burg 1371 als Beute beschlagnahmt worden.
Mehr als tausend Jahre Salz spielen eine Rolle (Deutsches Salzmuseum, siehe Nr. 9). Lüneburger Salz war sehr wichtig, um die Fische darin zu konservieren und so für die Reise zum Endverbraucher fern der Küsten haltbar zu machen. Etwa seit der Mitte des 14. Jahrhunderts gehörte Lüneburg der Hanse an.
Bis in die Gegenwart reicht die Darstellung beim Rundgang durch die Räume. Erstmalig ist in Lüneburg auch das Thema NS-Zeit in einer Dauerausstellung zu sehen. Danach lädt ein Café mit Freiterrasse und Blick auf die Ilmenau zur Reflexion ein. Ein erstklassiger Weg, sich auf Lüneburg einzulassen!

Lüneburg ist in der Ebstorfer Weltkarte sehr groß geraten

Die Brunnenhalle mit dem plätschernden Quell

Klosterkultur im besten Sinne

4

Kloster Lüne

Am Domänenhof
21337 Lüneburg
Tel.: 04131 52318
www.kloster-luene.de

Das hölzerne Schiffchen saust hin und her. Die Frau in der Weberei beherrscht ihre Kunst. Sie webt einen Schal an einem der acht Webstühle, die den Alten Betsaal zieren und heute zu einer Stiftung gehören (siehe Nr. 83). Seit der Reformation lebt ein evangelischer Konvent mit einer Äbtissin an der Spitze in einer Glaubens-, Arbeits- und Lebensgemeinschaft in einer der schönsten und ältesten Sehenswürdigkeiten Lüneburgs. Schon allein der Kräutergarten mit seinem kleinen Wasserlauf und den vielen duftenden Heil- und Gewürzkräutern ist es wert, näher betrachtet zu werden. Hier sitzen viele Besucher. Manche kommen gerade vom Sommer-Remter um die Ecke. Der ausgemalte Saal wird gern für Veranstaltungen genutzt. Überhaupt widmet sich das Kloster Lüne seit einiger Zeit vermehrt kulturellen und musikalischen Darbietungen. Wer mag, kann sich auch einer Abendvesper mit Geläut, gesungenen Psalmen, Lesungen und Momenten der Stille anschließen. Es geht hinauf zum Nonnenchor. An einem Seil wird die Glocke geläutet.

Wer mag, kann sich auch einer Abendvesper mit Geläut, gesungenen Psalmen, Lesungen und Momenten der Stille anschließen.

Die Klosterkirche mit dem geschnitzten Hochaltar von 1524 ist als Teil der Klosterführung zu bewundern und wird zu sonntäglichen Gottesdiensten genutzt. Die Renaissancekanzel stammt von 1608, die Orgel von 1645. Sie gilt als eine der schönsten in Norddeutschland. Die immer noch bewohnte Anlage aus dem 12. Jahrhundert, nur wenige Radminuten von der Innenstadt entfernt, ist nur bei einer Führung zu erleben. Die Konventualinnen sind sehr auskunftsfreudig und präsentieren ihr Zuhause wie einen Schatz.

Das Kloster liegt nur wenige Radminuten von der Innenstadt entfernt

Treffpunkt ist in der Brunnenhalle. Aus dem mächtigen Brunnen strömt das klare Wasser seit mehr als 650 Jahren – ein besonderer Anblick.
Um die Ursprünge des heutigen Klosters Lüne rankt sich eine schöne Geschichte: Dort hielt man einen Esel, der jeden Morgen den Weizen und Roggen des Klosterguts in die Lüner Mühle nach Lüneburg bringen musste. Es war der 30. April 1372, als der Klosterknecht den Esel schwer beladen zur Mühle gebracht hatte und lange warten musste, bis der Müller endlich das Korn mahlte. Der Knecht setzte sich vor die Mühle und war bald eingeschlafen. Es war schon Nachmittag, da weckte ihn ein beißender Geruch. Er schlug die Augen auf und sah, dass der Esel samt Getreide nicht mehr da war. In der Ferne, in Richtung des Klosters, sah er jedoch eine dunkle Rauchsäule. Der Knecht rannte so schnell er konnte zum Kloster. Was er sah, bestürzte

4

ihn. Die Benediktinerinnen waren hilflos im Kampf gegen die Flammen. Alle Vorräte gingen verloren. Die Klosterbewohnerinnen beteten. Da sahen sie auf einer Wiese neben dem Kloster den Esel stehen. Er war immer noch mit dem Mehl bepackt. Die Nonnen sahen darin ein Zeichen. An dieser Stelle baute man das Kloster Lüne wieder auf, denn das Mehl, das der Esel trug, rettete die Klosterbewohner vor dem Verhungern. Das Kloster Lüne steht heute noch an dieser Stelle, und die Nonnen haben den Esel zum Dank auf Glas gemalt und in ein Fenster des Kreuzgangs gesetzt.
Jetzt ist Zeit für eine Rast im Café mit seiner Deckenausmalung von 1648. Dann geht's ins prachtvolle Textilmuseum (siehe Nr. 82).

In der Webstube entstehen einmalige Schals und Decken

Ein Anbau wie hier rechts an der Fassade heißt „Schwiegermutterhaus"

Schon immer der lebendigste Platz

5

Am Sande
21335 Lüneburg
www.lueneburg.info

Als 1229 der Platz, an dem sich das Mittelalter hindurch die Fernhändler trafen und ihre Waren feilboten, erstmals als „in harena" erwähnt wurde, war das Kopfsteinpflaster noch nicht da. Man traf sich „am Sande". Wichtige Handelsstraßen kreuzten sich, und die waren stark befahren. Schließlich gehörte die Stadt zur Hanse. Der 225 Meter lange und 30 bis 40 Meter breite Platz verband zudem die Siedlung Modestorpe an der Ilmenau mit der am Kalkberg sowie der Saline. Waren und Neuigkeiten tauschten die Menschen hier aus. Es ging oft laut zu. Die Betriebsamkeit war schon damals hoch.

Zur Vorweihnachtszeit entsteht am Fuße der St. Johanniskirche sowie in den Gassen und auf dem Marktplatz eine märchenhafte Kulisse.

Am besten ist der einmalig lebendige Platz mit seinem Treiben von einem der Cafés mit Außenterrasse aus zu erleben. Hier strömen Einkaufsfreudige vorbei, da klackern die Hufe der Pferde einer Kutsche auf Stadtrundfahrt. Gesprächsfetzen von den Erläuterungen des Kutschers wehen herüber. Der Platz verleiht eine Stimmung, wie sie in norddeutschen Städten heute selten geworden ist. Es lohnt sich aber auch, aufzustehen und eine Runde zu gehen, um die einzelnen Giebel näher zu betrachten. Fast jedes Haus verströmt Charme durch seine gotischen Treppen- oder barocken Schneckengiebel, die kunstvoll geschwungen sind. Diese Volutengiebel sind besonders auffällig. Es ist ein grandioser Überblick in Formen und Farben der Lüneburger Architektur. Alles steht unter Denkmalschutz und ist sozusagen eine der Visitenkarten der Stadt.

Einer der ältesten Giebel (Am Sande 53, siehe Nr. 23) datiert

Vom Wasserturm sind die Fassaden „Am Sande" gut zu sehen

um 1400, seit 1421 wurde Am Sande Bier ausgeschenkt, seit 1570 Weizen und Bauholz gehandelt, wie die Urkunden belegen. Das prächtige Haus „Schütting", heute die Industrie- und Handelskammer (siehe Nr. 22), schmückt seit 1548 das Westende. Besonders sind Häuser, die einen seitlich angebauten Giebel aufweisen. Sie gehen auf eine Zeit zurück, als die Bewohner, wenn die Kinder heirateten, für die Eltern der Frau noch zusätzlichen Wohnraum schaffen mussten. Oft wurde über eine Tordurchfahrt die Altenteiler-Wohnung errichtet. Die Fassade erhielt eine schwungvolle Erweiterung, wie sie sich heute noch an manchen Häusern erkennen lässt. Dieser Anbau heißt im Volksmund „Schwiegermutterhaus".
Am östlichen Ende steht der etwas schiefe Turm der St. Johanniskirche (siehe Nr. 24). Dort ist zur Vorweihnachtszeit ein Tannenwald aufgebaut. Dazu wird eine urige Holzhütte errichtet.

Ein nostalgisches Karussell dreht sich. In der Krippenhütte ist die Weihnachtsgeschichte zu hören. Der größte Weihnachtsmarkt allerdings wird auf dem Marktplatz vor dem Rathaus abgehalten. Die Lüneburger Salzsteinlampen, selbst gezogene Wachskerzen und Holzschmuck sind die Besonderheiten. Auch rund um die St. Michaliskirche (siehe Nr. 19) wird dann an Weihnachten gedacht – mit einem Christmarkt, wie er bis ins 16. Jahrhundert üblich war. In der festlich leuchtenden Innenstadt sind noch die zwölf Hütten der Märchenmeile besonders. In Hoch- oder auch Plattdeutsch werden Märchen erzählt. So bietet also Am Sande und in den Gassen ringsum die Vorweihnachtszeit ein Festerlebnis der besonderen Art!

Von den Cafés aus ist das Treiben am besten zu beobachten

Der Fotograf Lasse Petersen wird von Oliver Sauer verkörpert

Anne Moll (links) spielt Nora Franke, Maria Fuchs ist Carla Saravakos

Rote Rosen for ever RR

6

Serienwerft GmbH
Lilienthalstraße 1
21337 Lüneburg
Tel.: 04131 886340
www.rote-rosen.tv
www.daserste.de/unterhaltung/soaps-telenovelas/rote-rosen/index.html

Jeden Montag bis Freitag wird nicht nur eine Folge der ARD-Dauerserie „Rote Rosen" ausgestrahlt, sondern auch in Lüneburg produziert. 48 sendefähige Minuten jeden Tag, das schreibt die Regie des Studios Hamburg Serienwerft Lüneburg den beteiligten Schauspielern vor. Die müssen schon ab 7 oder 8 Uhr in die Maske, damit pünktlich um 9 Uhr alle am Set sind. Weit mehr als 2.000 Folgen sind seit der Erstausstrahlung der Telenovela am 6. November 2006 gesendet worden. Das Personal wird etwa alle 200 Folgen ausgetauscht. Die Stadtführerin, die heute zu einigen der Drehorte durch Lüneburg führt, verfolgt gespannt jede Folge und sitzt mit Zettel und Bleistift vor ihrem Fernsehgerät. Die Gäste sind natürlich fast alles Spezialisten, schließlich genießt die Folge über „menschliche Verwicklungen aller Art" den Zuspruch von durchschnittlich 1,67 Millionen Zuschauern, und das nachmittags um 14.10 Uhr. Der Gast, der am weitesten anreiste, um sich die Lüneburger Gassen anzusehen, war ein Student aus Minnesota in den USA. Er schaut die Serie zum Sprechtraining, weil die Schauspieler so ein klares Deutsch sprechen. Bis zu 25 Prozent mehr Gäste soll die Serie der Stadt bescheren. Rund 150 feste Arbeitsplätze sind entstanden. Gedreht werden die Szenen zwar in den Straßen, aber für die Innenaufnahmen baute man die frühere Europazentrale von Konica Minolta im Industriegebiet in ein Fernsehstudio um. Dort gibt es manchmal Besichtigungstermine, wobei dann Tausende in die Räume stürmen.

Ein Deutsch-Student aus den USA kam extra, um die Original-Drehorte seiner geschätzten Serie zu sehen.

Im Atelier von Ursula Blancke-Dau entstehen neue Werke

Zur Vernissage sind alle willkommen

Kalter Ofen – hohe Kultur und Kunst

7

Kulturbäckerei

Dorette-von-Stern-Straße 2
21337 Lüneburg
Tel.: 04131 8645136
www.kulturbäckerei-lüneburg.de

Hier tummeln sich Bildhauerinnen, Modedesignerinnen, Medienschaffende, Kunstmalerinnen und Kunsthandwerker. Zwölf Ateliers, 150 Quadratmeter Platz und im Obergeschoss die Kunstschule Ikarus für Kinder – so sieht das neue Zentrum für Kunst und Kultur in der Stadt aus. Die Sparkassenstiftung Lüneburg hat das mehr als 80 Jahre alte Haus im Speicherviertel, in dem einst die Industriebäckerei des Heeres kleine Brötchen backte, wieder wachgeküsst und großzügig restauriert. Das Non-Profit-Projekt ist ein neues Markenzeichen der Stadt geworden.

Neben dem alten Backofen mit seinen schwarzen Gusseisenklappen, den Temperaturanzeigen und Rädern auf Schienen für den Rollwagen sind im modern eingerichteten Theatersaal Aufführungen und nebenan Vernissagen zu erleben. So ist ein Kernstück des Hauses als Erinnerung an ferne Backzeiten erhalten geblieben. Der Hauch Industriekultur ist ein wichtiger Angelpunkt. Wer fragt, kann zu den Öffnungszeiten mal in die Ateliers zu den Kreativen gehen und ihre Objekte und Bilder anschauen. „Wir sind ein offenes Haus", sagt eine Künstlerin. Und es ist hell, dank vieler Lichtschächte und großer Fenster. Gerade trudelt eine Gruppe Kinder herein. Sie wollen in die Kunstschule Ikarus. Sie hat großen Zulauf. Der ehrenamtlich geführte Verein ist maßgeblicher Träger der künstlerischen Kinder-, Jugend- und Erwachsenenbildung in Lüneburg und Umgebung. Das Haus lebt. Die fröhliche Atmosphäre steckt an. Nebenan befindet sich ein kleines Café.

Das Non-Profit-Projekt ist ein neues Markenzeichen der Stadt geworden.

Daniel Wilhelm – in passender Uniform – verkauft Fahrscheine

Vom Führerstand des Heide-Express hat der Lokführer alles im Blick

Das Reisen neu entdecken

8

Arbeitsgemeinschaft Verkehrsfreunde Lüneburg e. V.

Lüner Damm 26
21337 Lüneburg
Tel.: 04131 851801
www.heide-express.de

Selbst Lüneburger kennen oft den kleinen, rührigen Verein und seine stattliche Zahl an historischen Lokomotiven, Triebwagen und Waggons nicht. Nach festem Fahrplan fahren sie jeden ersten und dritten Sonntag im Monat von Juni bis September von Gleis 4 des Lüneburger Bahnhofs nach Bleckede und zurück. Fast eine Stunde dauert die Reise, die landschaftliche Reize mit dem nostalgischen Gefühl einer Zugfahrt grandios kombiniert. Nicht nur Fans alter Bahnen haben ihre Freude. Es ist gerade für Kinder ein Erlebnis und löst auch bei Erwachsenen ein ganz anderes Reisegefühl aus.

Drei Abfahrtszeiten gibt es an den Verkehrstagen des Heide-Express'; Fahrräder dürfen kostenlos mit in den Waggon. So lässt sich der Ausflug auch mit einer Radtour kombinieren. Kaffee und andere Getränke werden im Zug serviert, Kinder unter vier Jahren fahren gratis. „Wir werden von Gruppen gern gebucht", sagt einer der ehrenamtlichen Zugführer. Dann fügt er zur Verblüffung hinzu: „Aber wir haben es gern, wenn nicht alle Plätze besetzt sind, so haben Unterwegs-Fahrgäste auch die Chance, noch zuzusteigen." Vorgebucht werden muss nicht. In Erbstorf, Boltersen oder Neetze kann zugestiegen werden. Es gibt noch weitere Haltestellen. Der Lokführer zeigt gern auch seinen Führerstand und erklärt, was der Deutz-Motor von 1961 noch so hergibt. Doch jetzt ist es Zeit für die Abfahrt, denn Pünktlichkeit ist neben Sicherheit oberstes Gebot. Pfiff und los!

Kaffee im Zug, Fahrräder gratis – der Ausflug wird schnell zum besonderen Erlebnis.

Die Lüneburger Saline um 1600 im Modell

Querschnitt eines Salz-Ewers im Original – unten war das Salz

Salz zum Anfassen und Verstehen

9

Deutsches Salzmuseum
Sülfmeisterstraße 1
21335 Lüneburg
Tel.: 04131 7206513
www.salzmuseum.de

Nach 1.014 Jahren ging 1980 die Salzgewinnung in Lüneburg zu Ende. Das Museum liegt auf der alten Saline und zeigt sehr anschaulich, wie es im letzten Siedehaus zuging. Zwanzig mal acht Meter misst die Fläche, wo bis zuletzt salzhaltiges Wasser verdampft wurde, um das kostbare Gut zu gewinnen. Reste eines einst 1,3 Kilometer langen lärmenden Pumpgestänges sind zu sehen. Es diente der Soleförderung, war aber offenbar oft defekt. Ohne dieses Salz wäre die Stadt nie zu ihrem damaligen (und jetzigen) Reichtum gelangt. Ein Modell von 1600 zeigt, wie eng die Siedehütten und -häuser der Saline damals standen.

Beim Gang durch die Räume wird jedem klar, wie sehr dieser Rohstoff das Leben schon damals prägte. Das Salz lässt sich anfassen, schmecken und erleben. Zum Salzen von Speisen wurde es genutzt. Damals brauchte man aber schon rund ein Drittel der Produktion zum Gerben von Tierhäuten und noch mehr zum Haltbarmachen von Lebensmitteln. Die berühmten Heringstonnen waren außer Fisch noch prall mit Salz gefüllt. Heute werden weltweit rund 269 Millionen Tonnen Salz im Jahr produziert, davon zwölf Millionen Tonnen in Deutschland.

Zwanzig mal acht Meter misst die Fläche, wo bis zuletzt salzhaltiges Wasser verdampft wurde.

Auch wie die Handelswege früher verliefen, ist zu sehen. In Originalgröße ist ein Salz-Ewer im Querschnitt nachgebaut. Unten im Rumpf wurde das Salz eingelagert, darüber befanden sich Fässer mit flüssigen Waren sowie Kisten und Säcke. In einem Diorama ist die Situation am Stintmarkt von 1745 nachgestellt. Der Alte Kran lädt das Salz in die bauchigen Schiffe.

Das augenfällige Relikt aus der guten alten Salzzeit

Der Alte Kran ist ein Symbol RR

10

Alter Kran
Am Fischmarkt
21335 Lüneburg

Kaum zu glauben: Innen hat der Alte Kran zwei Hamsterräder. Jedenfalls mussten früher die Mitarbeiter von nebenan, aus dem Alten Kaufhaus, in die hölzernen Treträder von fünf Metern Durchmesser steigen und laufen. So kam die Hebetechnik mit dem langen Seil in Fahrt. 1797 wurde dieser Kran erbaut, wobei schon 1346 ein Holzkran am Fischmarkt in den Annalen verewigt ist. Das Besondere: Der Kran konnte nicht nur Lasten aus und in Schiffe heben, sondern sich auch drehen. Acht Meter Durchmesser hat sein Unteres. In der Mitte bewegt eine neun Meter hohe Welle den Lastarm. Der wiederum konnte sogar Lokomotiven heben. Der Beweis: Eine der letzten Lasten, die mit seiner Kraft 1847 an Land gehievt wurden, war eine Lokomotive für die Braunschweig-Vienenburger Bahn. Sie kam per Schiff von England nach Lüneburg.

Der Alte Kran diente vor allem den Lüneburger Kaufleuten zum Verschiffen des Salzes. Vom alten Hafen fuhren die Schiffe bis nach Lübeck, und von dort gelangte das Salz mit den großen Handelskoggen zu allen möglichen Abnehmern in der ganzen Welt.

Seit 1860 ist der Kran außer Betrieb, doch wird er fast täglich besichtigt, denn er ist eines der Wahrzeichen der Hansestadt. Das liegt weniger an der Trauerweide daneben als vielmehr an seinem Standort am Fisch- und Stintmarkt. Alte Kräne haben Konjunktur. Neulich wurde nur für eine Saison sogar mitten in Zürich ein alter Kran aufgestellt, nur so zur Erinnerung an früher. Hier aber steht er schon von alters her und ist ein Schmuckstück.

Im Innern setzten Männer in zwei Laufrädern die Technik in Bewegung.

Malerisch liegen die Boote vor dem „Marina Café" des Hotels

Wohlfühl-Ensemble im Wasserviertel RR

11

Hotel Bergström
An der Lüner Mühle
21335 Lüneburg
Tel.: 04131 3080
www.bergstroem.de

Malerisch spiegeln sich die drei Kähne im Wasser. Wer im „Marina Café" auf dem Terrassendeck sitzt, erlebt tatsächlich maritimes, südliches Flair. Pianomusik weht herüber. Das Romantik-Hotel Bergström liegt nicht nur zauberhaft am historischen Hafen, sondern ist vielen aus der ARD-Serie „Rote Rosen" bekannt. Die Dame am Empfang bestätigt: Oft möchten Gäste ins Hotel „Drei Könige" einchecken, denn so heißt das Haus im Film. Nicht ganz zufällig steht im Foyer stets ein Strauß frischer, roter Rosen. So viel steht fest: Die Fernsehserie hat den Erfolg der Herberge befördert.

Zum Haus gehört auch die „Lüner Mühle", ein Restaurant und Weinlokal mit rund 500 erlesenen Sorten im Angebot. Der Blick fällt dann auf den mehr als 500 Jahre alten Wasserturm, wohin ein Steg direkt vom Hotel aus führt. Auch der Speicher fügt sich in das Ensemble aus rotem Backstein ein. Von der Suite über zwei Ebenen bietet sich ein besonderer Blick auf die gesamte Szenerie sowie weiter über die Dächer bis zum Rathaus. Das „Alte Kaufhaus" ein paar Meter weiter ist das Schwesterhotel. Dort befindet sich das Brogsitter Weinoutlet. Beide Hotels beziehen die Weine von der Familie, die seit 1600 in Deutschland den edlen Rebensaft produziert.

Zum Haus gehört auch die „Lüner Mühle", ein Restaurant und Weinlokal mit rund 500 erlesenen Sorten im Angebot.

Viele Gäste schwärmen von diesem romantischen „Rundumschlag". Auch Besucher aus dem Ausland empfinden gerade dieses Ensemble im Wasserviertel als einen gelungenen Teil von „good old Germany", wie es ihren Vorstellungen entspricht.

Wie ein Stadttor erhebt sich der Wasserturm von 1530

Alter Wasserturm – die Abtswasserkunst

12

Abtswasserkunst
An der Lüner Mühle
21335 Lüneburg
Tel.: 04131 3080
www.bergstroem.de

Während die „Lüner Mühle" für das Kloster Lüne Getreide mahlte, lieferte das Michaeliskloster mit seiner „Abtsmühle" seine Produkte an eine Ratsfamilie. Der zugehörige Alte Wasserturm von 1530 liegt wie verzaubert an der Ilmenau und erhielt erst 1903/04 seinen Durchgang mit dem Holzsteg zur „Lüner Mühle". Diese „Abtswasserkunst" ist vermutlich der älteste erhaltene Wasserturm in Deutschland. Aus der Nähe betrachtet gleicht er einem Märchenturm. Sehr gut lässt er sich auch von der Aussichtsplattform auf dem neuen Wasserturm anschauen (siehe Nr. 25). Das imposante Wahrzeichen Lüneburgs wirkt wie ein Stadttor. Der quadratische Grundriss, die hohen Mauern und Fenster zur Wasserseite sowie die Rundbögen unterhalb des Daches mit den Fachwerkgiebeln verleihen ihm das Aussehen einer wehrhaften Anlage.
Dabei erinnert die „Abtswasserkunst" an die schwierige Wasserversorgung der Stadt, die auf einem großen Salzlager errichtet wurde. Hier nach Grundwasser zu bohren, führte also nur zu der salzhaltigen Sole. Daher musste das Wasser von einer Quelle bei Reppenstedt in die Stadt geleitet werden. An besonderen Tagen wurde Flusswasser zur Bierherstellung in den Wasserturm gepumpt und zu den vielen Brauereien geleitet. Schon damals führten hölzerne Rohre zu Patrizierhäusern, um sie mit dem fließenden Trinkwasser zu versorgen. Die Ilmenau plätschert zum historischen Hafen hinab. Der Turm selbst und das Mühlengebäude nebenan gehören zum Hotel Bergström.

Der vermutlich älteste erhaltene Wasserturm Deutschlands erinnert an die schwierige Versorgung der Stadt mit Trinkwasser.

Herzhafte Speisen, besondere Angebote und Flair werden gern serviert

13

Entspannt am Fluss speisen RR

Pons
Salzstraße am Wasser 1
21335 Lüneburg
Tel.: 04131 2873060
www.pons-lueneburg.de

Das Vorderhaus von 1320, der hintere Teil von 1408 und das Krugrecht ab 1486 – so lauten die Eckdaten dieser Kneipe Lüneburgs. Sie zählt zu den ältesten der Stadt, zusammen mit der „Krone" (siehe Nr. 20). Bis in die 1940er-Jahre wurde hier noch Bier gebraut. Malz zum Brauen produzierten die Besitzer sogar bis 1963. Das heutige Flair innen wie außen am Stintmarkt ist einladend und unterhaltsam. Wo sonst gibt es zur Happy Hour von 17 bis 19 Uhr ayurvedische Tees zum halben Preis? Sechs Biere vom Fass gezapft, Fairtrade-Kaffee und -Tees sowie eine Bulgur-Gemüsepfanne sind gekonnte Tupfer im Angebot für die Gäste. Das Haus versteht es, Brücken zu schlagen – „Pons" als Name scheint zu verpflichten. Zudem liegt die Kneipe an einer der schönsten Brücken der Innenstadt hinüber zum Alten Kran. Dabei trägt das Haus den Namen „Pons" erst seit 1993. Bis dahin war hier die „Alt Lüneburger Bierstube" zu Hause.

Wo sonst gibt es zur Happy Hour von 17 bis 19 Uhr ayurvedische Tees zum halben Preis?

Draußen unter den Bäumen haben inzwischen neue Gäste Platz genommen und schauen auf die Ilmenau. Radler starten hier auf dem alten Treidelpfad Richtung Bardowick. Auf der anderen Seite der Brücke ist auch das Treiben am Stintmarkt zu beobachten. Ein Plätzchen hier verspricht täglich ab 12 Uhr, wenn das Lokal öffnet, beste Unterhaltung. Innen sind wechselnde Ausstellungen zu sehen. Neulich waren es erfrischend andere Ansichten von Lüneburg. Frische – das scheint ohnehin im „Pons" ein beliebtes Motto zu sein.

Die gemalte Dielendecke mit den Treppenaufgängen ist brillant

Brömses Deckenmalereien

14

Kulturwerk Brömsehaus
Am Berge 35
21335 Lüneburg
Tel.: 04131 36788

Die Malereien an der Balkendecke und die farbig gestalteten Fenster – grandios! Das Haus ist nach seinem ersten Bewohner benannt, dem Sülfmeister Dietrich von Brömse. Das eindrucksvolle Gebäude wurde zwischen 1406 und 1426 erbaut und ist eines der ältesten Bürgerhäuser Lüneburgs. Wer eintritt, wendet seinen Blick rasch zur Decke der Diele. Jeder Balken, jeder Zwischenraum hat ein anderes Muster. Die Farben wirken modern und kräftig. Es sind Rot- und Violetttöne. Beige, Grün und Blau komplettieren den Eindruck. Großer, roter Backstein ist in verschiedenen Mustern gemauert. Großzügig wirken die beiden Treppen mit den weißen Skulpturen.

Hier einem „Konzert bei Kerzenlicht" beizuwohnen, ist ein besonderes Erlebnis. Mit dieser Veranstaltung möchte die Carl-Schirren-Gesellschaft attraktive Musik ins Brömsehaus holen und deutsch-baltische, estnische und lettische Künstler bekannt machen. Heute ist das Gebäude Eigentum der Deutschbaltischen Kulturstiftung und wird gemeinsam mit dem Nord-Ost-Institut für Veranstaltungen, Konzerte und Seminare genutzt.

Das Haus steht allen Deutschbalten und anderen Organisationen zur Verfügung. Ein Raum im Erdgeschoss enthält eine seltene, vom Jahre 1637 datierte figürliche Stuckdecke, deren achteckige Felder Gleichnisse und biblische Szenen zeigen. Die Bleiglasfensterornamente zeigen Wappen, etwa jene der Familien von Stern und von Hodenberg. Sie spendeten 1937 Geld, um das Haus vor dem Abriss zu bewahren.

Wer eintritt, wendet seinen Blick rasch zur Decke der Diele. Jeder Balken, jeder Zwischenraum hat ein anderes Muster.

Erst gar keinen Kirchturm, dann den höchsten weit und breit …

Die Kirche der Schiffer

15

St. Nicolaikirche
Lüner Straße 15
21335 Lüneburg
Tel.: 04131 2430770
www.st-nicolai.eu

Als Kirche der Fischer, Schiffer und Hafenarbeiter kann sie mit ihrer fünfschiffigen Basilika ihre Nähe zum Stintmarkt nicht leugnen. Im Stil der französischen Kathedralen von 1407 bis 1440 erbaut, besaß sie keinen Turm. Dafür war das Hauptschiff schon damals 28,5 Meter hoch. Besonders ist das von einem Sterngewölbe gekrönte Backsteinmauerwerk. Die strenge Schlankheit der gotischen Kirche ist beeindruckend – die einzige Basilika Lüneburgs. Der mattgolden glänzende Hauptaltar enthält 20 geschnitzte Szenen aus dem Leben Jesu. Im Chorumgang aber ist auf einer Tafel vor goldenem Hintergrund die älteste Stadtansicht Lüneburgs von 1445 zu bewundern.
Der 92,7 Meter hohe Backsteinturm wurde 1895 neu errichtet und kann bei Führungen bestiegen werden. Er gehört zu den höchsten Kirchtürmen in Niedersachsen. An drei Seiten, außer nach Norden, ist eine Turmuhr zu sehen. Der Treppenaufgang liegt an der Nordseite, daher war dort kein Platz für eine Uhr.
Von öffentlichen Proben bei Kirchenmusik über Seniorennachmittage bis zum Nicolai-Kinder-Gospelchor reicht das Angebot. Der Lüneburger Orgelsommer ist beliebt in dieser Kirche. Das Sängerfest und Kantatengottesdienste zum Mitsingen – mit Werken von Johann Sebastian Bach – sind im Programm. Wer sonnabends von 11 bis 11.30 Uhr etwas zum Entspannen sucht, kann sich von Juni bis August die „Musik zur Marktzeit" anhören. Kirchenmusik von Musikern und Ensembles aus Lüneburg ist zu vernehmen. Jederzeit sind auch neue Musiker willkommen.

Der Lüneburger Orgelsommer ist beliebt in dieser Kirche.

Backsteinfassade mit einem barocken Portal – wunderschön

Am ältesten Handelshaus Lüneburgs

16

Lüner Hof

Auf dem Kauf 9
21335 Lüneburg
Tel.: 04131 38888
www.luenerhof.de

Es ist der älteste Gebäudekomplex der Stadt. Schon 1282 wurde der Lüner Hof urkundlich erwähnt. 1356 kaufte das Benediktinerinnen-Kloster Lüne die Häuser und errichtete das Hauptgebäude neu. Es steht seit 1361 und diente fortan als Stadt- und Handelshaus für das nahe gelegene Kloster. Dort wurden Güter gelagert. Es gab auch Wohnungen für Nonnen oder Besucher des Klosters. 1704 verpachtete das Kloster das Handelshaus an die hiesigen Kaufleute. Das Lünische Haus, wie es genannt wird, imponiert heute noch mit der roten Backsteinfassade und den nach oben kleiner werdenden Fensterreihen. Die grüne, verzierte Tür gehört zu den schönsten in Lüneburg. Das barocke Portal entstand im 18. Jahrhundert.

Ältere Menschen haben in der Anlage des Lüner Hofs mitten in der Stadt gut lachen.

Wer links an der Seite auf den Hof geht, findet nicht nur einen kleinen Brunnen, Blumen und die in Stein gemeißelte Hausgeschichte, sondern meist auch lachende, ältere Menschen. Seit 1988 dient der Lüner Hof als Seniorenwohnanlage. Die Betreiber bieten eine familiäre Atmosphäre und 44 Zimmer. Das Kultur- und Freizeitprogramm ist vielseitig. Die älteren Bewohner sollen aktiv am öffentlichen Leben teilnehmen, schließlich wohnen sie nicht nur in einer ehrwürdigen Unterkunft mit Stil und Geschichte, sondern mitten in der Stadt. Der Straßenname „Auf dem Kauf" lässt auf einen alten Handelsplatz an der Ilmenau schließen. Während die Ostseite der Straße zum Fluss hin mit kleineren Häusern bebaut ist, stehen auf der Seite vom Lüner Hof weitere große Giebelhäuser.

Das Portal der Ratsbücherei ist auch bei den „Roten Rosen" beliebt

Hinter Glas sind aufgeschlagene Bücher und Drucke zu bewundern

Gemälde aus der Bibliothek RR

17

Der hübsch verzierte Eingang zu einer der ältesten Stadtbibliotheken in Deutschland wird bei der ARD-Serie „Rote Rosen" mal als Apotheke, mal als Polizeinebenstelle benutzt. Dann ist der Schriftzug natürlich abgedeckt. Links am Eingang wacht als Büste noch ein berühmter Schöpfer vieler deutscher Lieder – Johann Abraham Peter Schulz. Das Haus, in dem er 1747 geboren wurde, liegt nur ein paar Schritte entfernt in der Waagestraße.
Doch nun öffnet sich automatisch die grüne Tür. Das Innere birgt wahre Schätze. Handschriften aus dem 13. Jahrhundert sowie seltene Drucke werden im Gewölbe, gekühlt und hinter einer Glasscheibe, aufbewahrt. „Wir legen immer mal wieder ein anderes Buch aufgeschlagen nach vorn", sagt die Bibliothekarin. So erhält selbst der flüchtige Gast einen Eindruck von der Vielfalt der Bände in dem 600 Jahre alten Bestand. Nach Anmeldung lassen sich einzelne Werke auch aus der Nähe betrachten. Bis zum 20. Jahrhundert waren Bücher nur ausgewählten Personen zugänglich – Ratsherren, Patriziern, Ärzten und Apothekern sowie anderen Gelehrten. Neben rund 20.000 Drucken aus dem 16. bis 18. Jahrhundert zählen mittelalterliche Musikhandschriften, Erstausgaben von Bach, Mozart und Schumann sowie die „Lüneburger Orgeltabulaturen" zu den großen Werten.
Und dann hat sich die Bücherei noch etwas ganz etwas Besonders zum Ausleihen angeschafft: Gemälde. Jeder registrierte Leser kann Kunstwerke bekannter oder noch junger Künstler für bis zu sechs Monate mitnehmen und ins Wohnzimmer hängen.

In der Arthotek der Bücherei kann sich jeder Leser für ein halbes Jahr Bilder ausleihen.

Ratsbücherei
Am Marienplatz 3
21335 Lüneburg
Tel.: 04131 309-3619
www.hansestadt-lueneburg.de

Tagsüber ein Kleinod aus Backstein, Holzbalken und Fassaden …

… nachts ein Kleinod aus Laternenschein, Pflasterstein und Fenstern

Wohnen auf dem Meere [RR]

18

Altstadt

Auf dem Meere
21335 Lüneburg

Es ist ein Wohnen zwischen Himmel und Untergrund. Die Gasse „Auf dem Meere" in der Altstadt gehört zu den besten Lagen in Lüneburg. Romantisch, hübsch anzusehen, mit teils künstlerisch verzierten Eingangstüren, sind auch die Häuser ein Kleinod. Hier zu wohnen, gehört zu den teuersten Möglichkeiten in der Stadt. Die Häuser stehen unter Denkmalschutz, was einen besonderen Aufwand beim Restaurieren bedeutet. Dafür wohnt niemand so grandios in der Backstein-Balken-Idylle wie in dieser Gasse. Die Altstadt gehört zum Senkungsgebiet. Weil über Jahrhunderte Salzlauge aus dem Untergrund zum Sieden und zur Produktion des Salzes heraufgepumpt wurde, sind immer noch Hohlräume unter Tage vorhanden. Bis zu zehn Zentimeter im Jahr kann sich der Untergrund in der Gegend senken – und das oft ganz überraschend. Setzrisse sind die Folge. Sie werden verputzt. Wer von der Straße hinauf in Richtung Rathaus blickt, erkennt das ganze Ausmaß der Senkung – rund fünf Meter liegen die Gassen hier niedriger als das Terrain am Rathaus und der Ratsbücherei.

Bis zu zehn Zentimeter im Jahr kann sich der Untergrund senken. Doch diese Gasse gehört zu den beliebtesten der Stadt.

Doch dann gehen die Menschen nachts durch diese Straße. Im Licht der Laternen schimmert das Pflaster, leuchten matt die Fassaden, lassen Fenster ohne Gardinen vom Innenleben ahnen. Kein Wunder: Diese Gasse ist beliebt. Allein für die Serie „Rote Rosen" wurden genau hier Hunderte von Szenen gedreht. Und rote Rosen blühen hier ohnehin, und das schon lange, bevor an die Telenovela überhaupt zu denken war.

Die Orgel, 1999 restauriert, verbindet barocke Brillanz mit Weichheit

Die alten Treppenstufen an der Ostseite sind ein beliebtes Motiv

19

Betörende Klänge [RR]

St. Michaeliskirche
Auf dem Michaelis-kloster 2 b
21335 Lüneburg
Tel.: 04131 2873310
www.sankt-michaelis.de

Hier drehen die Teams gern Szenen für die „Roten Rosen". Die alten, schrägen Treppenstufen und der einsame Baum am Johann-Sebastian-Bach-Platz sind optisch reizvoll. Die Kirche selbst – erbaut zwischen 1376 und 1412 – gehörte einst zum Benediktinerkloster. Es wurde aber während der Reformation aufgelöst. Doch zum Kloster gehörte die Partikularschule St. Michaelis, und die besuchte im Frühjahr 1700 Johann Sebastian Bach. Bis 1702 sang er als Jugendlicher im Chor der Schule.

Die 52 Meter lange Hallenkirche hat eine beträchtliche Innenhöhe von mehr als 20 Metern. Der 79 Meter hohe Kirchturm ist ein markantes Wahrzeichen Lüneburgs. Die an der Nordseite angebaute Abtskapelle war ursprünglich zum Kirchenschiff hin geöffnet. Einen besonderen Reiz versprüht die Orgel. Er besteht in ihrer Verbindung von barocker Aufstellung und Gehäuse mit einer soliden romantischen Spielanlage. 1999 wurde sie renoviert. Die „Niedersächsischen Musiktage" sowie das „Schleswig-Holstein Musik Festival" lassen gerne in St. Michaelis aufspielen. Die Kantorei gehört mit ihren rund 180 Mitgliedern zu den größten Chören Norddeutschlands. Der Kammerchor singt A-cappella-Musik. Eine Rarität sind die Choräle, die auf den jahrhundertealten Bronzeglocken von Hand gespielt werden. Die Glöcknergilde legt da zu Festgottesdiensten im wörtlichen Sinne Hand an. Die neun Glocken, jeweils zwischen 400 Kilogramm und 1,8 Tonnen schwer, lassen sich per Seil spielen, eine davon – in Bienenkorbform – aus dem Jahr 1200.

Johann Sebastian Bach sang 1700 bis 1702 als Jugendlicher im Chor der Partikularschule St. Michaelis.

Die goldene Krone ist das Symbol der ältesten Brauerei Lüneburgs

Im Namen der Krone

20

Brauereimuseum
Heiligengeiststraße 39
21335 Lüneburg
Tel.: 04131 44804
www.brauereimuseum-lueneburg.de

Bier gilt als eines der reinsten Getränke. Nur Hopfen, Gerste und Wasser dürfen nach dem deutschen Reinheitsgebot von 1516 verwendet werden. Einst gab es in Lüneburg 80 Brauereien. Der Gerstensaft war schon damals eine der gesündesten Nährquellen. Im 1985 eröffneten Brauereimuseum ist der Prozess des Brauens anhand von Original-Exponaten nachzuvollziehen. Sudkessel, Gärpfannen, Malzmühlen und Kondensator sind zu sehen, aber auch Maischbottich, Würzepfanne und Fassbierwagen. Die Kronenbrauerei in einem Backsteinbau von 1911 wurde sogar schon 1485 urkundlich erwähnt. Damals gründete Thomas Lampe im Hause Nr. 41 eine Bierdynastie. Seitdem sind alle Braumeister in den Dokumenten des Betriebes festgehalten. Es ist die älteste bekannte Lüneburger Brauerei, die hier einen Einblick in die Ursprünge ihres Schaffens gibt.

1485 wurde die Kronenbrauerei erstmals erwähnt.

Das neben dem Museum liegende Gasthaus „Krone" schenkt das Bier aus, das heute allerdings aus Hamburg kommt. Dazu werden oft auch Events gefeiert wie die „Brauerkumpaney", ein lustiges Spektakel mit deftiger Kost und natürlich Krone-Bier. Sonst werden dort auch „Lüpas" serviert. Das sind Lüneburger Tapas-Variationen aus der Region. Sonntags ab 10 Uhr lockt das „Twingel-Frühstück" die Gäste an. Auch Pannfisch und Tafelspitz werden serviert. Ein Sudkessel steht auch in der Gaststätte und macht das Lokal so zur authentischen Braustube.
Kronen-Pilsener – daran erinnert schon die goldene Krone am Eingang. Sie ist umrankt von Hopfen. Darunter hängt ein flaches Fass. Prost!

Der Dachreiter von 1490 ist weithin sichtbar

Die spitze Nadel

21

Heiligengeistschule

Heiligengeiststraße 29
21335 Lüneburg
Tel.: 04131 3097733
www.heiligengeistschule.de

Zur Orientierung in der Stadt sticht oft diese „spitze Nadel" hervor. Es ist der Dachreiter der heutigen Heiligengeistschule. Das ist eine Grundschule, die Sprachförderklassen mit großer Hingabe betreibt. Besonders Kinder, die erst vor kurzem nach Deutschland kamen, werden hier betreut und unterstützt. Sobald sie so weit sind, sich im Schulalltag sprachlich bewegen zu können, wechseln sie in eine allgemeine Grundschulklasse. Auch hochbegabte Kinder sind in der Heiligengeistschule zu finden.

Mit Moschee-Besuch oder Auftritten der Rock- und Pop-Arbeitsgemeinschaft bietet die Schule spannende Angebote. Das Präventionsprogramm „faustlos" zur gewaltfreien Lösung von Konflikten ist ebenso gefragt.

Gebaut wurde ein früheres Haus an dieser Stelle als Hospital zum Großen Heiligen Geist Ende des 13. Jahrhunderts. In Not geratene, alte und kranke Menschen hatten so eine Bleibe. Meist waren es Angehörige der Salinen-Arbeiter, die hier wohnten. Finanziert wurde das Hospital von der Saline. 1724 entstand das heutige Haus. Der westliche Teil wurde 1867 abgebrochen, ein Neubau für den Schulbetrieb trat an seine Stelle. In einem Teil des Hospitals ist eine Seniorenwohnanlage untergebracht. Die spitzbogigen Fensteröffnungen sind noch zu sehen. Doch der Dachreiter mit der Uhr dran, der weithin sichtbar ist, stammt schon von 1490 und gehörte einst zu einer Kapelle vom Heiligen Geist. Er wurde auf das neue Haus umgesetzt und krönt es seitdem.

Sprachförderklassen für Grundschüler, die gerade erst nach Deutschland kamen, sind in dem Haus zu finden.

Schon die beiden Fassaden sind ein Hingucker

Ein Schmuckstück mit Doppelgiebel RR

22

IHK

Am Sande 1
21335 Lüneburg
Tel.: 04131 7420
www.ihk-lueneburg.de

Das Haus mit dem dekorativen Doppelgiebel ist das Schmuckstück des lang gezogenen, zentralen Platzes Am Sande. Es trägt nicht zufällig die Hausnummer eins. Der Renaissancebau von 1548 – einst Schütting genannt – aus dunkel gebranntem und glasiertem Klinker hat schon viele Funktionen erfüllt. Einst war es Brauhaus wie so viele Gebäude in Lüneburg. Als Gastwirtschaft, Einzelhandelsladen und Staatsbank füllte es ebenfalls die Annalen. Seit dem Zweiten Weltkrieg aber ist hier die Industrie- und Handelskammer (IHK) zu Hause.

In goldenen Buchstaben ist das auch über dem Eingangsportal zu lesen. Am linken bodenständigen Erker, auch Utlucht genannt, steht: „Mit Gottes Hülfe, ohne fremde Gunst, durch Freundes Kunst und eigne Kraft hab ich's geschafft." An der rechten Utlucht sind die Namen zu lesen: Carl August Meyer und Hedwig Meyer. Das geht auf die Zeit der Erbauer zurück. Außergewöhnlich sind auch die Taustäbe; das sind gedrehte Zierstäbe aus Backstein, die an Schiffstaue erinnern.

Einst war es Brauhaus, dann Gastwirtschaft, Einzelhandelsladen und Staatsbank.

Heute gehen hier die Mitglieder der IHK ein und aus. Es sind alle möglichen Berufsgruppen vertreten – vom Apotheker über den Notar bis zum Firmenbesitzer. Aus- und Weiterbildung, Prüfungen, Existenzgründungen, all das sind ebenfalls Themen, die die IHK beschäftigt. Doch für Besucher öffnet sich eine kleine Galerie mit Gemälden zum Anschauen. Für die Gäste zählt vor allem das Gebäude selbst als Schmuckstück. Es glänzt in der Sonne, ist eine Zierde für die Stadt und die Region.

Das Haus Nummer 53 hat einen Giebel aus dem Jahr 1400

Einer der ältesten Giebel

23

Giebelhaus
Am Sande 53
21335 Lüneburg

Die Giebel der Häuser Am Sande sind voller Dramatik. Hier leuchtet einer rot und ist weiß geschwungen eingefasst (Nummer 50). Da umrahmen abwechselnd schwarz und rot gebrannte Backsteine die Fensteröffnungen – das Backhaus von 1493 (Häuser Nr. 6–7). Der siebenstufige Staffelgiebel ist schon eine Betrachtung wert. Wer sich die Häuserfronten näher besieht, wird entlohnt. Die sprechenden Fassaden geben Auskunft über Details ihrer Entstehung, über die Eigenarten und Befindlichkeiten ihrer Inwohner. Nicht selten gab es Schwiegermutterhäuser. Das waren Anbauten, die einen zweiten Giebel nach sich zogen (Haus-Nr. 16). Für den Betrachter verschiebt sich die Optik der Fassade bizarr, für die Bewohner mag es ähnlich gewesen sein. Oft wurden solche Anbauten für die Schwiegermutter auch über Tordurchfahrten gebaut.
Doch hier erhebt sich der wohl älteste Giebel Lüneburgs (Haus Nr. 53). Der älteste erhaltene Staffelgiebel soll um 1400 entstanden sein. Einige der schmalen Fensteröffnungen weiter oben sind vermauert. Der Ausleger eines Lastenaufzugs über einer grünen Holztür ist zu erkennen. Ansonsten zeigt der treppenförmige Giebel wenig Raffinesse. Die rechte Staffel haben die Besitzer im 16. Jahrhundert mit Tausteinen ausgebessert. Ein historisches Foto von 1897 zeigt die Wäschefabrik Frucht in dem Haus. Ein Zierbrunnen ist im Vordergrund zu erkennen. Die fünf Fenster hatten noch nicht die heutige Kastenform, sondern waren oben noch rund wie die Öffnungen im Mauerwerk. Zu entdecken gibt es viel an den Hauswänden.

Die sprechenden Fassaden erinnern an die Geschichte, Schwiegermutterhäuser an die Erweiterung des Giebels.

Die Spitze von St. Johannis neigt sich sichtbar

24

Schief von allen Seiten

St. Johanniskirche

Bei der St. Johannis-
kirche 2
21335 Lüneburg
Tel.: 04131 44542
www.st-johannis
kirche.de

Die Eckpunkte lauten so: Kaufmannskirche mit 108 Meter hohem Turm, der sich bei Führungen begehen lässt. Fünfschiffige Hallenkirche, die älteste der Stadt, schon 927 als Taufkirche erwähnt, aber 1270 in dieser Form entstanden. Die Orgel: 1553 von den Brabanter Orgelbauern Hendrik Niehoff und Jaspar Johannsen erbaut. Das Besondere: Hier lernte der 15-jährige Johann Sebastian Bach – seit seinem neunten Lebensjahr Vollwaise – bei seinem Onkel Georg Böhm das Orgelspielen und Komponieren. Böhm arbeitete von 1698 bis 1733 als Kantor und Komponist in der Kirche.

Das prachtvolle Gehäuse, die verzierten Prospektpfeifen zeugen von der hohen Blüte der Orgelkunst im 16. und 18. Jahrhundert. Auch der Wandelaltar ist wertvoll. Die Frage aber, warum sich der Turm so sehr zur Seite neigt, ist nicht klar zu beantworten. Vermutlich hat ihm der Wind einst zugesetzt. Irgendwie wirkt er von allen Seiten aus schief. Doch die Sage dazu lautet ganz anders: Als ein Blitz 1402 den Turm von St. Johannis in Brand setzte und er abbrannte, erhielt der junge Robert den Auftrag, einen neuen Kirchturm zu bauen. Zwei Jahre dauerte es, dann war das Schmuckstück fertig und Robert stolz. Doch dann wurden die Gerüste abgetragen und jeder sah die nach allen Seiten schiefe Turmspitze. Der gedemütigte Baumeister lief hinauf und stürzte sich aus dem Fenster. Aber er schlägt nicht aufs Pflaster, sondern auf einen vorbeifahrenden Heuwagen. Er feiert im nahen „Sandkrug", bis er betrunken von der Bierbank fällt und sich das Genick bricht. Armer Robert!

Bei seinem Onkel Georg Böhm lernte Johann Sebastian Bach hier das Orgelspielen.

Die Treppe führt durch das Innere des einstigen Wasserbehälters

Weiter Blick – innere (Kultur-)Werte

25

Die Sicht aus 56 Metern Höhe reicht bei klarem Wetter bis ins rund 50 Kilometer entfernte Hamburg. Doch allein die nächsten Dächer, die Fassaden „Am Sande" und der Turm der St. Johanniskirche sind ein lohnender Anblick von der Aussichtsplattform. Tafeln zeigen die Sehenswürdigkeiten und ihre Entfernung. Dann geht es langsam durch die Stockwerke im Turm hinab. Zunächst kommt die Dauerausstellung „Das blaue Gold" mit Hintergründen zur Wasserversorgung Lüneburgs, dann steigt man in den Alten Wasserbehälter. Schwungvoll dreht sich die Treppe in die Tiefe des Kugelbodenbehälters, der mit 500.000 Litern Wasser – also 500 Tonnen – gefüllt werden konnte. Der acht Meter hohe Speicher hing in rund 40 Metern Höhe und erzeugte vier Bar an Wasserdruck. Von 1907, als er auf den Resten der Wallanlage errichtet worden war, bis 1985 produzierte er samt Wasserwerk das kühle Nass für die Stadt.

Trägerverein Wasserturm Lüneburg e. V.
Bei der Ratsmühle 19
21335 Lüneburg
Tel.: 04131 7895919
www.wasserturm.net

Von 1907 bis 1985 lieferte der Wasserturm das kühle Nass für Lüneburg und hielt den Druck aufrecht.

Im Innern sind imposante Ausstellungen zu besichtigen. Kunst zu Japan, zu Flüchtlingen oder anderen aktuellen Themen begleiten die Besucher. Bei „Jazz im Turm" und „vollmondnacht" erklingt Musik, die sich im Innern des Wasserturms zauberhaft entfaltet. Es ist einer der besonderen Orte der Stadt, denn Akustik, Licht und Umgebung sind einzigartig.
Der Trägerverein veranstaltet auch Führungen. Trauungen sind auf der neogotischen Ebene 2 der Hit, wobei sich die Räume auch für Tagungen und Feiern mieten lassen.

Die kleine Insel sieht auch von oben idyllisch aus

Die hohe Kunst der Wasserzufuhr [RR]

26

Ratswasserkunst

Bei der Rats-
mühle 17
21335 Lüneburg
www.lueneburg.info

Das Wasser der Ilmenau musste als Trinkwasser dienen, denn Brunnen in der Stadt führten nur salzige Sole herauf. Also bauten die Bürger zwischen 1568 und 1572 die Ratswasserkunst an der Ratsmühle. Ein großes Wasserrad wurde konstruiert. Die Strömung des Flusses trieb es an, und damit wurde Wasser aus der Ilmenau geschöpft und in den Turm der Ratswasserkunst gefördert. Von dort floss das begehrte Süßwasser über Holzleitungen zu vornehmen Häusern. Die übrigen Einwohner mussten sich aus den zwölf Freibrunnen bedienen, die in der Stadt verteilt waren. Da die Speicherkapazität und der Druck um 1900 nicht mehr ausreichten, wurde in der Nähe dann der neue Wasserturm gebaut. Er ging 1907 in Betrieb (siehe Nr. 25).

Die kleine Insel mit Ratswasserkunst, alten Fachwerkhäusern, einem Schornstein und Fabrikgebäude ist ein schmuckes Ensemble. Am besten lässt es sich vom nahen Wasserturm aus beschauen. Die Ilmenau fließt friedlich vorbei. Kanufahrer testen ihre Wendigkeit. Dahinter ist das erweiterte Museum Lüneburg als Flachbau zu erkennen, noch weiter hinten die Bahnhofsanlagen sowie ein Parkhaus.

Wer unten entlanggeht, findet eine kleine Wassertreppe. Das Wasser rauscht hinab. Bäume werfen Schatten. Auf der Bank am Ufer zu sitzen ist pure Entspannung. Der Blick fällt auf die Ilmenau und die Altenbrückertorstraße mit ihrem verzierten Geländer (siehe Nr. 58). Die Ratswasserkunst ist nicht ganz so bekannt und von Touristen durchströmt wie die Abtswasserkunst und daher ein kleiner Tipp für das Genießen ruhiger Momente.

An der Ratswasserkunst lassen sich ruhige Momente wunderbar genießen.

Das Kalandhaus gehört zur Europäischen Route der Backsteingotik

Feuchtfröhlich feiern im Kalandhaus

27

Kalandhaus
Kalandstraße 11
21335 Lüneburg
Tel.: 04131 401936
(Geschichtswerkstatt)
www.geschichts
werkstatt-luene
burg.de

Der erste Tag eines Monats heißt auf Latein „Kalandae", woraus sich unser Kalender ableitet. In dem Haus trafen sich vor 500 Jahren an diesem Tag die Mitglieder der 1274 gegründeten Kalandbruderschaft. Es war eine wohltätig wirkende Vereinigung, besetzt mit Erzbischöfen, Äbten, Herzögen und reichen Händlern. 1491 ließen sie dieses schmucke Haus mit dem eindrucksvollen Spitzbogenportal errichten. Im Giebel standen schon damals drei vergoldete Holzskulpturen: links die Christusfigur mit dem Kreuzesstab, in der Mitte die Jungfrau Maria auf der Mondsichel und rechts Gottvater mit Krone und Reichsapfel. Der siebenteilige Giebel ist reich mit Taustein geschmückt, so wie er 1886 rekonstruiert wurde.

Die Kalandbrüder verteilten ihr Geld über eine Armenstiftung an Bedürftige, hielten aber auch viel vom tagelangen Feiern.

Die Kalandbrüder verteilten ihr Geld über eine Armenstiftung an Bedürftige. Gleichzeitig war ihnen ihr Seelenheil wichtig, was sie durch feierliche Messen in der St. Johanniskirche gegenüber unterstrichen. Einheitlich nobel gekleidet schritten sie in einer Prozession voran, was beim „Volk" mächtig Eindruck hinterließ. Danach aber ging es zum Schmaus ins Kalandhaus und dann zum Umtrunk. Dabei sollen 1504 mehr als 100 Brüder drei Tage lang gefeiert haben. Es gab auch Kaland-Schwestern, doch die mussten getrennt tagen.

Der traurige Tiefpunkt in der Nutzung des Schmuckhauses war dann 1943 erreicht: Es wurde zum „Außenlager Nummer 22" des Konzentrationslagers Neuengamme bei Hamburg. Bis zu 155 Häftlinge, die zur Zwangsarbeit verpflichtet wurden, hausten im Keller. Doch öffentlich wurde das erst 50 Jahre später.

Auf den schwarzbraunen Borsten setzte sich das Salz ab

Hier ist die Sau los

28

Wer das Rathaus von innen anschaut (siehe Nr. 2), wird auch in die Schreibstube oder Alte Kanzlei geführt. Der Schulterknochen in der Lampe dort soll von der ersten Wildsau stammen, die das Salz aufstöberte, auf dem später der Reichtum Lüneburgs erwuchs. Die friedlichen Hängebauchschweine im Bild schnüffeln zwar nicht mehr an dieser Stelle, aber sie dienen zur Veranschaulichung der Sage von der Salzsau. Die lernt jedes Schulkind in Lüneburg, und auch jedem Besucher wird sie bei Führungen gern vermittelt.

Vor mehr als tausend Jahren bedeckten Wald und Morast die Umgebung von Lüneburg. 956 war die Stadt erstmals urkundlich erwähnt worden. Damals folgten die Jäger der Spur eines Wildschweines, das sie in das sumpfige Gebiet der Ilmenauniederung führte. Sie erlegten das Tier und besahen sich die Beute näher. Das Fell war mit weißen Körnchen bedeckt. Auf den schwarzbraunen Borsten hatte sich eine weiße Kruste gebildet. Die mutigen Jäger probierten vorsichtig davon und entdeckten so das kostbare Salz. Es hatte sich an den Borsten kristallisiert. Die Jäger verfolgten die Spur der Sau und stießen auf einen Tümpel, der kein gewöhnliches Wasser enthielt, sondern eine salzige Lake. Schließlich fingen sie an zu graben. Wo aus dem Fels und dem roten Ton eine Salzquelle hervortrat, da sprudelte bald der Reichtum Lüneburgs. Dort entstand das erste Salzwerk der Stadt. Der Schulterknochen der Salzsau in der Alten Kanzlei des Rathauses wird seitdem jedem Besucher gezeigt – als stolzes Andenken an diese Entdeckung.

Der Schulterknochen des ersten Salz-Wildschweins liegt noch im Rathaus.

Tourist-Information
Rathaus
Am Markt
21335 Lüneburg
0800 2205005
www.lueneburg-erleben.de

Die Figur auf dem Brunnen am Rathaus ist 62 Zentimeter groß

Die Mondgöttin ist sehr beliebt

29

Luna-Brunnen
Am Markt
21335 Lüneburg
www.lueneburg-erleben.de

Die römische Mondgöttin mit Pfeil und Bogen ist leider auch bei Souvenirjägern beliebt. Sie ziert den Brunnen auf dem Marktplatz vor dem Rathaus. Früher wurde vermutet, dass sich von „Luna" der Name der Stadt ableitet. Daher ist auch oben an der Fassade im Rathaus eine goldene Mondsichel zu sehen. Doch inzwischen sind die Gelehrten fast sicher, dass „Luniburc" von „Hluini" herrührt, was „Zuflucht" bedeutet.
Der Brunnen wurde in seinen Ursprüngen schon 1530 errichtet. Der Glaube, Lüneburg sei eine römische Stadtgründung, stammt aus dem 16. und 17. Jahrhundert. Doch ist die Mondgöttin mit ihren 62 Zentimeter Höhe heute so gefragt wie damals. Wie oft schon wurde sie von Unbekannten verziert, bemützt oder verschleiert? 1970 stahl jemand die Bronzeplastik. Zwei Jahre später hatte der Berliner Künstler Harald Haacke eine originalgetreue Nachbildung geschaffen. Von „Luna" leitet sich immerhin „lundi" ab, unser erster Wochentag, der Montag. Von ihrem Bruder Sol, dem Sonnengott, und ihrer Schwester Aurora, die Morgenröte, fehlt in Lüneburg allerdings jede Spur. Doch erst neulich wieder entwaffnete jemand „Luna". Das kreative Stadtmagazin „Quadrat", das monatlich und kostenlos erscheint und an vielen Stellen ausliegt, rief zu Spenden auf. So erhielt „Luna" im Juni 2015 Pfeil und Bogen zurück. Bronzegießer vom Niederrhein und eine Lüneburger Schlosserei brachten das auf den Weg. Zum Segen aller kann „Luna" nun wieder wie gewohnt die Spitze des nach ihr benannten Brunnens besetzen – was für eine Freude!

Pfeil und Bogen wurden entwendet und dank einer Spendenaktion nun wieder neu angebaut.

Die Rundung des Hauses soll jungen Paaren Glück bringen

Feuchter Gips – schwangeres Haus

30

Das schwangere Haus

Waagestraße 1 b
21335 Lüneburg
Tel.: 04131 2076620
www.lueneburg.info

Diese Schwangerschaft dauert schon Jahrzehnte. Das Haus hat einfach einen Bauch, der im Grunde ein „Wasserbauch" ist. Keinesfalls wächst hier ein neues, kleines Haus hinter der Mauer. Vielmehr wurde der zu Mörtel gebrannte Gips vom Kalkberg, den die Bauleute hier verwendet haben, zu lange im Ofen gehalten. Der totgebrannte Gips aber nimmt viel Feuchtigkeit auf und dehnt sich. So haben sich die Fugen im Mauerwerk ständig vergrößert und die Steine weiter zur Straße gedrückt. Für die Gäste aber ist es eine Attraktion. Junge Paare fotografieren sich hier gern – in der Hoffnung auf baldigen Nachwuchs. Gleich nebenan steht tatsächlich ein Geburtshaus. Der Komponist Johann Abraham Peter Schulz ist dort am 31. März 1747 geboren worden und hat die ersten Lebensjahre in dem Haus verbracht. Später wurde er Dirigent des französischen Theaters in Berlin, Kapellmeister in Rheinsberg und danach in Kopenhagen. Bekannt ist er als Urheber der Melodie zu Matthias Claudius' Gedicht „Der Mond ist aufgegangen". Mit dem Dichter und Lyriker war er befreundet. Schulz entwarf auch die Tonfolge des Weihnachtsliedes „Ihr Kinderlein, kommet". Das Kirchenlied „Wir pflügen und wir streuen" hat er ebenfalls komponiert. Wer den bekannten Lüneburger näher betrachten möchte, findet ein paar Schritte weiter eine Büste vor dem Eingang zur Ratsbücherei. Schulz starb mit 53 Jahren an Schwindsucht und ist im Stadtpark von Schwedt/Oder in der Uckermark begraben. Der Komponist schuf auch zahlreiche Opern, Bühnenmusik, Oratorien und Kantaten.

Nebenan wurde 1747 der Komponist Johann Abraham Peter Schulz geboren. Von ihm stammt die Melodie zu „Der Mond ist aufgegangen".

Am Rathausgiebel ruht ein gekröntes Mondgesicht

Hübsch verziert weisen Wappen den Weg zu Innenhöfen

Was Wappen erzählen

31

Rathaus
Am Markt
21335 Lüneburg

Schröder Hof
Schröderstraße
21335 Lüneburg

Wappen erzählen Geschichten, wenn man sie deuten kann. Lüneburg ist eine Stadt der Wappen. An vielen Gebäuden sind diese Schilder von einst noch erhalten. Das Stadtwappen ist sehr schön im Geländer der Brücke Altenbrückertorstraße verewigt (siehe Nr. 58). Wer es dagegen farbig, aber schräg mag, sollte auf die Westseite des Rathauses gehen. Dort sind die Stadtwappen seitlich gedreht verewigt. Das sollte andeuten, dass Lüneburger friedfertig sind. Wer nichts Böses im Schilde führte, senkte sein Schild ab, wenn er Fremden begegnete.

An der Ostseite des Rathauses zum Markt hin hängt weit oben am Giebel und daher schlecht zu sehen ein gekröntes Mondgesicht. Es wird von zwei Löwen festgehalten. Dabei geht es um die Göttin Luna, die auch auf dem Brunnen vor dem Rathaus verewigt ist (siehe Nr. 29).

Stadtwappen farbig und schräg – das sollte die Friedfertigkeit der Lüneburger zeigen.

Manche Innenhöfe werden, wie etwa in der Schröderstraße, mit Wappen der Handwerker verschönert. Hier ist eine Schere der Tuchmacher zu sehen, da ein Siedehaken der Salzsieder. Die wiederum kennzeichneten die Hausdächer mit familieneigenen Siedehauszeichen, wie sie im Museum Lüneburg noch ausgestellt sind. Sie dienten den Menschen, damals weitgehend Analphabeten, zur schnelleren Orientierung.

Wer nach unten schaut, findet auf manchen Kanaldeckeln die Formel „Mons, Pons, Fons – Berg, Brücke, Quell". Die drei Anfangsbuchstaben M, P und F sind allerdings in ein Zeichen zusammengerutscht und schwer zu erkennen. Die Begriffe erinnern an das Zusammenwachsen der Urzellen zu Lüneburg.

Gekleidet wie vor 500 Jahren und voller Anekdoten – Stadtführerinnen

Im Kostüm von damals unterwegs

32

Tourist-Information
Rathaus
Am Markt
21335 Lüneburg
Tel.: 0800 2205005
www.lueneburg.info

Als Vorlage dienten die Gemälde oben in der Gerichtslaube des Rathauses. „Ich bin wie eine Bürgersfrau vor 500 Jahren gekleidet", erzählt eine Stadtführerin, die gerade auf ihre Gäste wartet. Die Kostümführung, die sie mit ihrer jungen Kollegin unternimmt, ist beliebt. „Von Seuchen, Salben und Scharlatanen" berichtet sie, denn sie ist als Hebamme unterwegs. Sie erzählt von Schicksalsschlägen und skurrilen Begebenheiten in ihrem Leben. Mit diesen biografischen Anleihen sind den Gästen Ereignisse von früher einfacher näherzubringen.

Bei einer anderen Führung plaudert „Klosterbruder Jakob" aus dem Nähkästchen. Von ihm sind plattdeutsche Redewendungen zu lernen. Auch der Nachtwächter bittet zum Rundgang im Schein seiner Laterne. Mit seiner Frau Marie liefert er tiefe Einblicke in das Leben des 16. Jahrhunderts. Beim „Sagenhaften Lüneburg" erzählen zwei Darsteller von ihren Erfahrungen in der Stadt und auf den Bühnen. Sie ziehen mit dem Bollerwagen los und haben spannende Requisiten dabei.

Erlebnisführungen öffnen den Blick auf Anekdoten und die kleinen Dinge im Leben

Etwas Besonderes hat die Stadtführerin bei den „Lüneburger Kleinigkeiten" auf Lager. Sie zoomt von dem Blick auf das Einschlagsloch der Kanonenkugel an einem Giebel am Stintmarkt auf das damalige Weltgeschehen. Sie zeigt die Elle im Rathausgarten oder versteckte Wappen und ihre Bedeutung. Die Hochzeitsführung wird von einer Sülfmeisterin geleitet, die ihr Wissen vom Salzsieden verbreitet und so manchen Hochzeitsbrauch zum Besten gibt. Lüneburg ist die Stadt der Erlebnisführungen.

Durch das Portal geht es in die alte Apotheke

Für das umfassende Wohlergehen

33

Alte Raths-Apotheke
Große Bäckerstraße 9
21335 Lüneburg
Tel.: 04131 42349
www.alteraths
apotheke.de

Schon das Portal wirkt königlich. Auf gelbem Grund zieren Wappen, lateinische Inschriften und Figuren den Eingang zur Apotheke. Im Sandsteinfries weiter höher steht eine Weisheit Salomons, die sich so übersetzten lässt: „Es heilte sie weder Kraut noch Pflaster, sondern dein Wort, Herr, welches alles heilet."
Doch wer dann eintritt, bekommt den Eindruck, hier geheilt werden zu können. Alte Regale stehen voller Glasflaschen, die wiederum Pulver und Tinkturen enthalten. Ein Mörser ist zu sehen. Auch die alte Apothekerwaage steht bereit. Dass Sole Hauterkrankungen lindern kann, ist seit mehr als tausend Jahren bekannt. Die alte Raths-Apotheke hat nun eine Feuchtigkeitscreme mit echter Lüneburger Sole entwickelt. Die Mineralien und Spurenelemente der Sole sollen die Feuchtigkeit der Haut erhalten.
Wie viel davon schon dem Rat Lüneburgs zugutekam, ist unbekannt. Jedoch kaufte dieser 1475 eine bestehende Apotheke. Seitdem gibt es die Ratsapotheke. Allerdings befindet sie sich erst seit 1524 an diesem Ort in der Großen Bäckerstraße. Bis zum Rathaus sind es nur ein paar Schritte, so dass kränkelnde Ratsherren schnell Linderung erhielten.
Wer sich draußen noch umsieht, entdeckt den neunteiligen Staffelgiebel.
Vier Reihen von Fensterarkaden zieren ihn. In der Uhr findet sich über dem Zifferblatt das Stadtwappen Lüneburgs wieder, wie es auch über dem Eingang zu bewundern ist.

Schon 1475 kaufte der Rat die Apotheke. So erhielten die Ratsherren schnell Linderung.

An heißen Tagen ist die frische, feuchte Luft begehrt

Nordseeluft als Naherholung

34

Kurpark
Uelzener Straße/
Pfarrer-Kneipp-Weg
21335 Lüneburg

Tief durchatmen! Hier am Gradierwerk im Kurpark ist die Luft rein und salzig. Sie ähnelt sehr der an der Nordsee, wenn man am Strand entlanggeht und die aerosolhaltige Luft nahe an der Brandung inhaliert. Das Geflecht aus Zweigen des Schwarzdorns wird mit dem salzhaltigen Wasser der Solequelle beträufelt. Langsam rinnt und tropft die Sole durch die viele Meter hohe Wand aus Reisig und hinterlässt eine weiße Spur. Das Salz lagert sich ab. Für Asthmatiker und Pollenallergiker ist dies die ideale Umgebung. An heißen Sommertagen ist die frische, feuchte Luft aber für alle ein Segen. Viele spazieren dann entlang des Gradierwerkes oder sitzen auf den Bänken unter den Überdachungen. Auch das Plätschern des Solewassers übt eine beruhigende Wirkung aus. Ein Tunnel in der Mitte ermöglicht den Durchgang zur anderen Seite.

Auf Schwarzdornreisig verrieselt Solewasser im Gradierwerk des Kurparks.

Das 1907 errichtete Gradierwerk diente schon immer als wichtiges Element für die Kurbehandlung. Es wurde erst aufwendig restauriert und mit Lampen versehen. „Gradieren" bedeutet „verstärken", „konzentrieren" oder „einen Stoff in einem Medium verdichten". Die Gäste und Einheimischen, die im Kurpark die Nordseeluft genießen, sparen den Ausflug an das Meer und können dennoch die heilsame Wirkung spüren. Auch der Kurpark selbst ist einen erweiterten Spaziergang wert. Hier chillen Studenten auf dem Rasen, da sitzen Ältere auf Bänken. Kinder toben um die Wette. Junge Menschen schaukeln, andere üben sich in der Standwaage. Was für ein schöner Ort!

Blumen, Wandelgang und Pavillon-Café – ein Ort zum Wohlfühlen

Lieblingsecke im Kurpark

35

Café im Kurpark
Uelzener Straße 1-5
21335 Lüneburg
Tel.: 04131 6996060
www.cafe-im-kurpark.de
www.neue-arbeit-lueneburg.de

Der Lesepavillon mit dem sich anschließenden Wandelgang ist heute noch ein optischer Genuss. 1907 entstanden die Bauten mit der Anlage des 23 Hektar großen Kurparks am südlichen Rand der Innenstadt. 2010 bis 2013 wurde der Pavillon saniert. Jetzt ist darin ein Café in Betrieb. Hier zu sitzen, zwischen den Blumen zu verweilen oder der Musik zu lauschen, ist einfach fabelhaft. Die Diakonische Gesellschaft für Arbeit und Bildung kümmert sich um die Angebote. Im Herbst geht der „Lüneburger Kunst- und Literaturmarkt" im Wandelgang über die Bühne. Zu den Bildern der Künstler werden Ringelbeats vom Plattenteller serviert. Es gibt viele Veranstaltungen in dieser traumhaften Umgebung. Im Sommer laufen hier attraktive Filme im Freiluftkino, das vom Scala-Programmkino ausgerichtet wird. Hunderte weiße Stühle stehen für die Zuschauer bereit, die auf die riesige Leinwand blicken.

Dann wieder spielen Orchester und Bands auf der Wandelgangbühne sowie in der Konzertmuschel auf. Zur „Nacht der Romantik" tauchen Lichter den Park in ein sagenhaftes und mystisches Ambiente. Beliebt ist der Wandelgang auch für Tänzer. Deshalb bietet der Verein Heidetango dort regelmäßig Tangoabende an. Wer Lust hat, belegt zunächst einen Schnupperkursus zu „Milonga im Kurpark", was im Sommer wöchentlich einmal auf dem Programm steht. Der Tango Argentino sprüht vor Temperament und fasziniert die Beteiligten schnell. Heidetango ist auch an anderen Orten in Lüneburg sowie im Wendland aktiv. Es kommt auf den ersten Schritt an!

Heidetango im Wandelgang – das ist ein Genuss aus Bewegung und Musik.

Bester Blick auf zwei Kirchtürme und den Wasserturm

Spitzen-Blick vom Kalkberg

36

Kalkberg
Beim Kalkberg 7
21335 Lüneburg
Tel.: 04131 683936
www.bund-lueneburg-harburg.de

Die drei Spitzen, die vom Kalkberg gut zu sehen sind, reihen sich so auf: vorn die Kirche St. Michaelis, dann der etwas schiefe Turm der St. Johanniskirche der fast 60 Meter hohe Wasserturm. Der Kalkberg war bis 1371 der Sitz des Fürstentums Lüneburg-Braunschweig. Somit ist dies eine der Keimzellen der Stadt. Von einer Burg, die auf dem Gipshut stand, regierten die Fürsten, bis ihre Festung im Lüneburger Erbfolgekrieg zerstört wurde. Die Lüneburger regierten künftig selbst ihre Stadt. Ein Obelisk auf halber Höhe erinnert an die Garnisonskirche, die über 120 Jahre den herzoglichen Truppen diente.

Einst war der Kalkberg 80 Meter hoch. Da Gips als Baustoff begehrt war, holten die Bewohner Lüneburgs hier bis 1923 immer wieder das Material heraus. Heute ist der Berg nur noch 56 Meter hoch und hat 90 Prozent seiner Fläche verloren. Auch die seltenen Gesteine Boracit und Lüneburgit ließen sich hier finden. Diese erstmals auf dem Kalkberg gefundenen Mineralien sind im Museum Lüneburg zu bewundern (siehe Nr. 56).

Bis 1371 regierten die Fürsten von Lüneburg-Braunschweig von ihrer Burg auf dem Kalkberg aus.

Seit 1932 ist der Kalkberg eines der ersten Naturschutzgebiete Deutschlands. Viele Arten von Blütenpflanzen wachsen hier, die sonst nur im südlichen Mitteleuropa zu Hause sind. Die spannende Ausstellung im 1819 erbauten Gipsofen am Fuße des Kalkberges bietet Einblicke in 250 Millionen Jahre Erdgeschichte. Auf verschlungenen Wegen kreuz und quer durch das Naturschutzgebiet führen Rundgänge und die Rallye „Kalkberg entdecken!“. Die Ziegen des BUND sind regelmäßig im Entkusselungseinsatz.

Komfortabel geht es im Strandkorb auf dem Fahrradtaxi durch die Stadt

Die erste halbe Stunde kostenlos – „StadtRAD" hat großen Zulauf

Eine Region für Aufsteiger

37

Schon die Fahrradstation am Bahnhof ist riesig: Der Radspeicher hat 1.333 Stellplätze, vermietet 30 Räder und hat eine Werkstatt. Rund tausend Abstellplätze liegen in der verkehrsberuhigten Innenstadt. Auch mit 99 Kilometern an Radwegen ist Lüneburg im Vergleich zu anderen Städten weit vorn. 25 Prozent Anteil am gesamten Verkehrsaufkommen entfällt hier auf das Zweirad. Ein besonderer Service ist „StadtRAD Lüneburg". An den Verleihstationen quer durch die Stadt kann das Fahrrad jederzeit gemietet werden. Die erste halbe Stunde ist sogar kostenlos. Die Nummer auf dem Schlossdeckel anrufen, auf das Display des Fahrradschlosses tippen, so wird das Schloss entriegelt.

Bequem ist auch eine Rundreise hinten auf dem Fahrrad in einer Art Strandkorb. Auf den drei Rädern gleitet der Fahrer mit dem illustren Gefährt dahin und gibt gern auch Erläuterungen zu den Sehenswürdigkeiten. Für alle, die mit ihrem Rad ins Umland wollen, steht von August bis Mitte Oktober der „Heide-Radbus" bereit. Der Linienbus verkehrt an Wochenenden und Feiertagen. Bis zu 16 Fahrräder passen in seinen Anhänger.

Beliebt sind auch die sechs ausgeschilderten Thementouren, die Lüneburg streifen: Mühlentour Ost und West, Elbetour, Heidetour, Waldtour und Backsteintour. GPS-Daten sind unter www.lueneburg.de zu finden. Der Ilmenauradweg bietet Radellust für zwei bis drei Tage. Tagestouren mit Führung bietet der ADFC Lüneburg an. Dort sind auch Radtourenbücher, Karten und Tipps rund ums Rad zu bekommen.

Auf sechs ausgeschilderten Themenrouten lassen sich Stadt und Region leicht erkunden.

Trimo Tours – Taxi- & Shuttleservice
Tel.: 04131 2065936

StadtRAD Lüneburg
Tel.: 040 822188100
www.stadtradlueneburg.de

Radspeicher am Bahnhof
www.radspeicher.de

Tipps und Touren
ADFC Lüneburg
Katzenstraße 2
21335 Lüneburg
Tel.: 04131 47823
www.adfc-lueneburg.de
www.ilmenauradweg.de

Themenrouten unter www.lueneburg.de

Auf dem Gelände der früheren Scharnhorst-Kaserne wird geforscht

Der Wissenschaftsbetrieb läuft hochmodern ab

Über den Tellerrand hinaus

38

Leuphana Universität Lüneburg
Scharnhorststraße 1
21335 Lüneburg
Tel.: 04131 6771007
www.leuphana.de

Mit rund 9.000 Studenten ist in den alten Backsteingebäuden einer früheren Kaserne kreatives Leben entstanden. Die Fakultäten für Bildung, Kulturwissenschaften, Nachhaltigkeit und Wirtschaftswissenschaften haben jeweils zahlreiche Institute. Hinzu kommen die Zentren für Angewandte Gesundheitswissenschaften, für Demokratieforschung, Lehrerbildung und Methoden sowie der Kunstraum der Leuphana Universität Lüneburg. Zeitgenössische Kunst wird fächerübergreifend betrieben, gefördert und ausgestellt. Neben der Erforschung ist die Vermittlung von Kunst Grundlage der Projekte. Studenten können im Rahmen eines Komplimentärstudiums über den Tellerrand ihres Faches hinausschauen. So sind „Kunst und Ästhetik", „Natur und Technik" oder „Methoden und Modelle" gern gewählte Kurse.

Zehn Minuten dauert „Philosophie zur Mittagszeit".

Besonders ist aber auch die Vorlesungsreihe „Philosophie zur Mittagszeit". Jeder kann im Hörsaal 4 auf dem Campus daran teilnehmen. Forscher berichten zehn Minuten lang über ihre Erkenntnisse oder allgemeine Probleme der Philosophie. Eine anregende Begegnung!

Doch schon wer sich einfach einmal ins „Café Neun" begibt, trifft auf viele junge Kreative und kann mit ihnen plauschen. Dann werden sicher die Rolle Daniel Libeskinds als Architekt des Neubaus (siehe Nr. 81) sowie die Bedeutung von Leuphana geklärt. Der Name der heutigen Universität – 1946 als Pädagogische Hochschule gegründet, 2003 in eine Stiftungsuniversität verwandelt – leitet sich von einer antiken Siedlung an der Elbe ab. Allerdings war damit Hitzacker gemeint.

Überdacht und im Grünen – Entspannen ist Trumpf

Ablegen zum Bootsausflug – auch das ist möglich

Ideal für die „kleine Flucht"

39

Es ist etwas für die „kleinen Fluchten" im Alltag. Nur fünf Minuten vom Platz Am Sande entfernt sitzen die bis zu 250 Gäste im Grünen, geschützt von Schirmen, und können sich die blaue Ilmenau anschauen. Die Betreiber sagen: „Wir haben ab 16 Grad sogar bei Nieselregen auf, denn wir haben ja Schirme."
Wer möchte, kann sich ein Tretboot oder Kanu ausleihen. Viele schauen nur auf den Fluss und sind in der grünen Umgebung am südöstlichen Rand der Innenstadt schlagartig entspannt. Feste werden gefeiert, wie sie fallen (und angemeldet werden). Dazu hält der Betreiber sogar ein kleines Zirkuszelt und einige Pavillons bereit. Mal gibt es Musik, mal ein Spanferkelgelage. Einige sitzen auf Holzbänken am Ufer, andere in Strandkörben. Die meisten machen es sich auf langen Bänken und Stühlen bequem. Schröders Garten ist ein Tipp für Insider und Gäste. Es ist der Anlaufpunkt nach Feierabend und am Wochenende. Auch hier wird gern ein alter Spruch der Krone-Brauerei zitiert: „Lieber Freund, ich rate dir, keine Mahlzeit ohne Bier."
Doch es gibt ja heute auch Alkoholfreies. Manche Gäste kommen auch mit ihrem Boot angepaddelt und legen einen Stopp ein oder beenden hier ihre kleine Wasserreise. Gerade für Familien ist das Angebot ideal: Kinderspielplatz, Eistheke und ein passendes Speisenangebot lassen alle ihre pure Freude an ein paar Stunden an diesem Fleckchen Lüneburg haben.

Wer möchte, kann sich ein Tretboot oder Kanu ausleihen.

Schröder's Garten
Vor dem Roten Tore 72
(an der Ilmenau/ Höhe Museum Berliner Straße)
21335 Lüneburg
Tel.: 04131 48877
www.schroeders garten.de

Schon 1867 die erste Feuerwehr – die Handdruckspritze ist von 1882

Die Bardowicker waren die Ersten

40

Heimatmuseum Gildehaus

St. Johannisstraße 3
21357 Bardowick
Tel.: 04131 129242
www.bardowick.de

Der Herr vom Windmühlenverein ist äußerst mitteilsam, schließlich hat das Gildehaus viel zu bieten. Der Rundgang gerät zur unterhaltsamen Geschichtsstunde. Es geht immerhin um die letzten paar Tausend Jahre eines der ältesten Orte Niedersachsens. Schon in der Antike ließen sich an der Ilmenau in dieser Senke germanische Stämme nieder. Das hier wiedererrichtete Zweiständerhaus birgt wahre Schätze.
Bardowickerinnen auf dem Hamburger Großmarkt sind dargestellt. Festtrachten von 1770 sind zu sehen. Die Schulzimmeratmosphäre und die Arbeit auf dem Felde sind nachgestellt. Draußen im Unterstand präsentiert der Museumsführer seltene Arbeitsmaschinen.

Das hier wiedererrichtete Zweiständerhaus birgt wahre Schätze.

Eine Sackbindevorrichtung ist zu sehen, die Steigeleiter der Reetdachdecker oder auch eine Wurzelwaschmaschine. Rübenschneider und Schrotmühle gehören auch dazu.
Beeindruckend sind die Miniaturen von der Ilmenau-Schifffahrt. Salz-Ewer, wie sie in Lüneburg am Stintmarkt liegen, sind in Klein zu sehen. Eine hölzerne Klappbrücke, wie sie in Bardowick ein paar Hundert Meter weiter steht, ziert den Raum. Dazu sind spannende Vorträge im Angebot. Der aktive Verein schafft es, das Andenken an und Verstehen von Vergangenheit zu bewahren und zu schaffen.
Seit 2010 ist draußen hinter Glas auch die Erinnerung an die erste freiwillige Landfeuerwehr in Niedersachsen wachgehalten. Ein Bild zeigt die Feuerwehrleute, wie sie 1867 antraten. Eine Handdruckspritze von 1882 und eine Drehleiter auf einem VW-Transporter runden die Ausstellung ab (siehe Nr. 88–90).

Seit 2011 ergänzt ein Café mit selbst gebackenem Kuchen die Mühle

Aller Mühen wert

41

1813 war es so weit: Johann Friedrich Meyer aus Bienenbüttel baute in Bardowick eine Holländer-Windmühle. Lüneburg hatte bis dahin verhindert, dass sich in seinem Umfeld Gewerbe ansiedelte. Erst die französische Besatzung von 1807 bis 1813 änderte das. Später wechselte der Besitzer öfter, aber die Mühle ist bis heute nach mehreren Unterbrechungen und Umbauten wieder in Betrieb. Das Flügelwerk betreibt zwei Schrotgänge, die innen zu sehen sind. Im Backhaus, das 2005 erbaut wurde, entstehen das Mühlenbrot und der Butterkuchen für das Café nebenan im Holzbackofen. Der Mühlenladen bietet Naturkost, Obst, Gemüse, Wein, Milchprodukte, Allergikerwaren und Kosmetika sowie Futtermittel. Gartenbedarf ist ebenfalls zu haben. Größter Anlaufpunkt aber ist das Mühlen-Café. Der selbst gebackene Kuchen ergänzt den selbst gemahlenen Kaffee aus einer kleinen Rösterei in Ahrensburg. Die 70 Sitzplätze auf zwei Ebenen und draußen sind oft alle belegt. Am Querbalken der einstigen Fachwerk-Durchfahrscheune, in dem sich das Café befindet, ist zu lesen: „Ein Mühlstein und ein Menschenherz wird stets herumgetrieben, wo beides nichts zu reiben hat, wird's selbst aufgerieben." Aufgerieben hatte sich die Müllerfamilie ab 2005 schon allein deshalb, weil ihnen diese Durchfahrscheune zwar geschenkt wurde, aber in der Nähe von Braunschweig stand. Also wurde sie abgebaut, nummeriert und hier 2011 wiedererrichtet. Wer das nicht weiß, würde vermuten, das Haus hätte schon immer an der Mühle gestanden – ein prima Ensemble!

Meyer's Windmühle
Mühlenstraße 36/38
21357 Bardowick
Tel.: 04131 12206
www.meyers-windmuehle.de

Der Mühlenladen bietet Naturkost, Obst, Gemüse, Wein, Milchprodukte, Kosmetika, Futtermittel und Gartenbedarf.

In nur drei Minuten fährt der Trog die 38 Meter auf oder ab

Fahrstuhl für Schiffe – imposant

42

Schiffshebewerk Scharnebeck mit Ausstellungshalle
Adendorfer Straße/
K 53
21379 Scharnebeck
Tel.: 0170 2470910
www.schiffshebewerk-scharnebeck.de

38 Meter legen die rund 19.000 Binnen-, Fahrgastschiffe und Sportboote, die jährlich hier durchfahren, im Schiffshebewerk von Scharnebeck senkrecht zurück – innerhalb von drei Minuten. Der Trog, in den sie fahren, ist 100 Meter lang, zwölf Meter breit und mit Wasser gefüllt. 5.800 Tonnen wiegt diese große Stahlkiste, die zwischen hohen Betontürmen auf- und abwärtsfährt. Das Gewicht bleibt konstant, denn entweder ist der Trog voller Wasser oder ein Schiff ist hineingefahren. Das Schiff ist so schwer wie das von ihm verdrängte Wasser. Entsprechend viel Wasser ist also bei der Einfahrt herausgeströmt. 240 Stahlseile halten den Trog und die Gegengewichte aus Schwerbeton im Gleichgewicht. Daher reichen für den Antrieb vier Elektromotoren von je 160 Kilowatt Leistung schon aus. Beide Tröge arbeiten unabhängig voneinander. Alles läuft vollautomatisch ab. Ein Mann überwacht das Geschehen am Steuerstand.
Mehr als 25.000 Besucher zählt die Ausstellungshalle, in der sehr anschaulich und an einem großen, beweglichen Modell der Ablauf der Schleusung im Elbe-Seitenkanal erläutert wird. Dazu sind einprägsame Erklärungen zu hören. Das größte Schiffshebewerk in Deutschland wurde zwischen 1968 und 1975 errichtet, kostete 152 Millionen Mark und überbrückt den Höhenunterschied vom höheren Geestrand in die tiefere Elbemarsch im Norden. Die gesamte Aus- und Einfahrt dauert rund 20 Minuten. Jährlich schauen sich das mehr als 250.000 Besucher an. Auch Führungen oder eine Schifffahrt durch das Hebewerk sind im Angebot.

Am beweglichen Modell wird der Schleusenvorgang eindrucksvoll erläutert.

Die Heidekönigin mit ihren jungen Hofdamen fährt über den See

Tausende singen am Ufer mit – das Heideblütenfest beginnt

Großes Treffen am Lopausee

43

Wenn die Heidekönigin von Amelinghausen über den Lopausee fährt, ihre ganz jungen Hofdamen hinter sich, dann ist festliche Stimmung für den grandiosen Auftakt des Heideblütenfestes mit seiner mehr als 66-jährigen Tradition garantiert. Der Abendnebel zieht schon bedenklich dicht über das Wasser. Es ist zwar erst Mitte August, aber die Kühle liegt in der Luft und hüllt das Boot der Heidekönigin schon bald in einen wabernden Schleier. Am Ufer warten viele Tausend Gäste. Auf einer kleinen künstlichen Insel leitet die Moderatorin in den schwungvollen Abend. Sänger neben ihr klatschen und grölen zu den Lichteffekten. Dann legt das Boot der Heidekönigin an. Das Volk tobt. Sie nimmt mit ihren Hofdamen Platz auf der kleinen Plattform im Lopausee – und das rauschende Fest nimmt seinen Lauf.

Doch ist der Lopausee auch sonst ein lohnendes Ziel. Ein in den 1970er-Jahren angelegter Damm staut die kleine Lopau auf rund zwölf Hektar auf. Ein Naherholungsgebiet mit guter Wasserqualität ist entstanden. Schwimmen und Angeln gelingen hervorragend. Für Spaziergänger öffnet sich ein 2,2 Kilometer langer Rundweg um den See. Tretbootverleih, Hochseilgarten und Kinderspielplatz sind da. Nicht weit von hier geht es zu Heideflächen, Schafstall und grasenden Heidschnucken (siehe Nr. 98). Von Lüneburg ist der See rund 20 Kilometer in südwestlicher Richtung entfernt und liegt an der B 209. Rustikales Erleben verspricht das Café im Speicher westlich von Amelinghausen. Es zeigt im Hof Etzen auch Objekte historischer Landwirtschaft.

Spazierengehen, Heide erleben, Schwimmen, Angeln, Bootfahren – hier geht einfach alles.

Tourist-Information
Marktstraße 1
21385 Amelinghausen
Tel.: 04132 920943
www.amelinghausen.de

44

Ganz locker und entspannt RR

Brunnen „Partner von morgen"
Im Schießgraben/
Am Werder
21335 Lüneburg

Drei Kinder unterschiedlicher Herkunft mit ausgebreiteten Armen und schwereloser Entspanntheit – diese Momentaufnahme, in Bronze gegossen, ist dem Künstler Tineke Willemse-Steen brillant gelungen. Der Brunnen verspritzt dazu Wasser in Tropfensprühweise, so dass diese Leichtigkeit optisch noch mehr Auftrieb erhält. Hier bleiben viele Menschen stehen. Sie fühlen sich schnell an ihre Kindheit erinnert. **„Sorglos" ist ein Stichwort, das einem dann einfällt.** Den 2014 mit 94 Jahren gestorbenen Niederländer hatte seine Kunst offenbar auch jung gehalten.

Fast jeden Besucher rühren die Tropfenspiele der Kinder an

Wo Bonbons geboren werden

45

Wenn der „sugardaddy" die 150 Grad heiße Masse aus dem Kochtopf aufs Blech schüttet, klicken die Kameras der Besucher in der Manufaktur. Gern erläutert Hans Seelenmeyer auch, wie er nun mit roter Bete oder Pflanzenchlorophyll die Bonbonrohstoffe rot oder grün färbt, knetet und schließlich durch die Kurbelpresse zieht. Neben den Salz-Stinten (originell in einer „Fischkiste" verpackt), zuckerfreien Lakritz-Variationen und Kaffee-Baileys-Kissen sind auch Nougat und Toffees im Angebot. **Von süß über salzig bis sauer reichen die Geschmacksvarianten.** Was für ein Genuss!

Lüneburger Bonbon Manufaktur
Lünertorstraße 1
21335 Lüneburg
Tel.: 04131 7780840
www.lueneburger-bonbonshop.de

Aus der grünen Rohmasse entstehen gleich saure Drops

46

Frühstück bei Annas

Annas Café

Am Stintmarkt 12 a
21335 Lüneburg
Tel.: 04131 8843181
www.annas-cafe.de

Marmeladen und Frischkäse werden selbst gemacht. Gebacken wird nach Omas Rezepten mit Butter. Vegane Köstlichkeiten sind auch im Angebot. **Legendär ist die Frühstücksauswahl in etwa 20 Varianten** (am Wochenende reservieren!). Das Café hat eben besonderen Charme. Allein die Speisekarten sind Unikate. Die Blätter mit den Speisen und Getränken kleben in alten Strickmuster- oder Märchenbüchern. Außen sitzt man mit Blick auf Stintmarkt und roten Backstein mittendrin im Geschehen. Der Service ist äußerst freundlich. Essen für die Seele – vielleicht darf es doch eine Schokoladenköstlichkeit sein …

Das Stint-Frühstück ist deftig, aber es geht auch vegan

47

Statt Heringe moderne Kunst RR

Die Fassade des Alten Kaufhauses gegenüber vom Alten Kran am Fischmarkt strahlt in ihrer gelben Pracht. **1741 ist es entstanden und löste ein „Heringshaus" ab, in dem seit 1300 mit den Fischen gehandelt wurde.** Mehrmals wütete der Feuerteufel. Heute befindet sich hinter der Fassade ein modernes Hotel. Sehenswert ist die Galerie innen. Künstler wie Christo, Roy Lichtenstein oder auch der Schauspieler Armin Müller-Stahl haben ihre Werke ausgestellt. Die Skulpturen, Fotos und Bilder sind täglich zugänglich. Einmal im Monat gibt es eine geführte Tour. Anmeldung im Restaurant „Canoe", Eintritt frei.

Hotel
Altes Kaufhaus
Kaufhausstraße 6
21335 Lüneburg
Tel.: 04131 3088624
www.alteskaufhaus.de

Moderne Kunst und moderne Hotelzimmer liegen hinter dieser Fassade

48

Aus der Region – für die Region

Wochenmarkt am Rathaus
Am Markt
21335 Lüneburg
www.lueneburg.info

Natürlich gibt es immer rote Rosen zu kaufen, allein wegen der Dauer-Serie im Ersten. Aber es sind vor allem regionale Produkte aus Bio-Anbau, welche die Käufer mögen. Hier glutenfreies Brot, da bester Honig. Hier Tomaten und Landgurken, da frische Pflaumen und Kirschen. Und das seit mehr als 650 Jahren alles rund um den Luna-Brunnen auf dem alten Pflaster vor dem ehrwürdigen Rathaus. Am goldenen Zifferblatt der Uhr an der Barockfassade ist für alle sichtbar die (Markt-)Zeit abzulesen. Wo sonst käme der Gast schneller mit Einheimischen ins Plaudern als hier?

Mittwochs und sonnabends von 7 bis 13 Uhr sind die Stände aufgebaut

Lüneburg zum Anfassen

49

Die Höhen und Tiefen einer Stadt sind nicht nur für Blinde ein Erlebnis. Wer neben der Tourist-Information am Rathaus das Stadtmodell abtastet, begreift diese Stadt erst richtig. Wo liegen die engen Gassen, wo öffnet sich die Stadt zur Ilmenau? Erwartungsgemäß sind die Kirchtürme sowie die Spitze des Rathauses am meisten angefasst worden. Der Farbton lässt darauf schließen. **Einige Sehenswürdigkeiten sind in Blindenschrift betitelt.** Und fast immer sind Gäste mit ihren Fingern zwischen dem Häusermeer unterwegs, um sich zu orientieren. Was für ein schöner Anblick: eine Stadt zum Anfassen!

Stadtmodell vor der Tourist-Information
Am Markt
21335 Lüneburg
Tel.: 0800 2205005
www.lueneburg.info

Übersichtlich und detailgetreu breiten sich Häuser und Plätze aus

50

Hochzeiten mit Literatur

Heinrich-Heine-Haus
Am Ochsenmarkt 1 a
21335 Lüneburg
Tel.: 04131 309687
(Literaturbüro)
www.literaturbuero-lueneburg.de

Die Eltern des Dichters Heinrich Heine lebten von 1822 bis 1826 im zweiten Obergeschoss dieses Hauses am Marktplatz. Als das Gebäude mit den prächtigen Gemälden an Decken, Wänden und auf dem Fußboden 1993 restauriert war, zog das Literaturbüro Lüneburg ein. Lesungen in dieser von Heine geprägten Umgebung – was könnte besser passen? Auch Talentförderung mit Beratung und ein Stipendium für junge Autoren sind eingerichtet. Für drei Monate wird dem Stipendiaten eine Wohnung gestellt und ein Salär gezahlt. Ansonsten ist fast täglich Trubel vor dem Haus, denn darin befindet sich auch das Trauzimmer der Stadt.

Schon das Portal des Hauses der Eltern Heines ist prächtig

Licht an – der schönen Decke wegen!

51

Das kleine Kino mit den vier Sälen ist ein Geheimtipp. Zum einen zeigt es ansprechende Filme in kleinen Räumen, hat Stummfilmkonzerte, Sommerfilmfestival, Kinderkino oder Kaffeekino für Senioren. Zum anderen sollte man in Saal 4 aus den roten Sesseln auch einmal hinauf unter die Holzdecke schauen. **Denn dort sind kastenförmige Renaissance-Malereien zu entdecken.** Früher diente dieser Raum als Café. Die Fenster wurden abgedeckt, der Saal ausgestaltet und mit 63 Plätzen samt Becherhalterung versehen. Nach dem Abspann bleiben viele sitzen – wegen der verzierten Decke, die sich nun ausgiebig betrachten lässt.

Scala Programmkino
Apothekenstraße 17
21335 Lüneburg
Tel.: 04131 2243224
www.scala-kino.net

Eine verzierte Holzdecke des einstigen Cafés ziert Kinosaal 4

52 Löwen über den Brodbänken

An den Brodbänken
zwischen Markt und
Rosenstraße
21335 Lüneburg

Diese kleine Gasse zwischen dem Markt und der Rosenstraße führte früher schon in Richtung Ilmenau. Sie hat lauschige Lokale und verzierte Giebel. An einem besonders schmalen, aber hohen Haus von 1900 sind über roten Spitzmarkisen noch rote Löwenfliesen am Erker zu erkennen. Auch die alten Reklameaufschriften für Zigarren und Zigaretten sind gut lesbar. Die Straße „An den Brodbänken" gehört zu den ältesten der Stadt. Früher stellten die Bäcker hier ihre langen Tische auf, um ihre frischen Backwaren anzupreisen. Die Stadt schrieb dazu die Gassen vor und kassierte auch Geld für die Brotbänke.

Zwischen Zigarren und Zigaretten reihen sich Löwen auf

Etwas für feine Nasen und Gaumen

53

Ist es der Kaffeeduft oder die Magie der sich drehenden Räder von vier Kaffeemühlen im Schaufenster, die einen betört? Seit 1919 wird hinter diesen Mauern Kaffee geröstet. Wie viele Tonnen es gewesen sind, das weiß niemand mehr. Aber von Hawaii, den Galapagosinseln oder Australien stammen die Bohnen und natürlich aus Südamerika. Vielfalt und Qualität sind bestechend, die Gäste voll des Lobes. Jeder findet hier den passenden Geschmack. Dazu wird leckeres Gebäck gereicht. **Für Liebhaber von Espresso: Es gibt ihn in vier verschiedenen Sorten.** Was für eine Entdeckung!

Kaffeerösterei Ratzsch
Am Berge 19
21335 Lüneburg
Tel.: 04131 33733

Die sich drehenden Kaffeemühlen entfalten Magie

54

Ein Schokoladentraum geht in Erfüllung

PraLüne Schokoladenmanufaktur & Caféhaus

Am Berge 26
21335 Lüneburg
Tel.: 04131 995477
www.schokopraline.de

Die Geschichte vom wilden Schwein, das einst das erste Salz aufstöberte, ist in aller Munde. Nun ist es auch die „PraLüne". Der schokoladige Trüffel, mit einem Hauch Salz kreiert, ist das Vorzeigestück dieser Manufaktur. Sie wurde schon als „kulinarischer Botschafter Niedersachsens" ausgezeichnet. **Hinten im Cafésaal lässt sich sogar zusehen, wie die Markenware entsteht, die vorne über den Tresen geht.** Es sind hausgemachte Aufstriche, Trinkschokoladen oder der „Lüneburger Haselnusstraum", die die Gäste verzaubern. Auch die Vielzahl der eigenen Kuchen besticht. „Langweilige Torten gibt's bei uns nicht", sagt die Besitzerin.

Die leicht salzige „PraLüne" erinnert an den Ursprung des Salzreichtums

Reichtum aus der Siedepfanne

55

Es ist eines der letzten Originale: Diese Siedepfanne im Museum Lüneburg erinnert eindrucksvoll an die Zeit, als Lüneburg reich wurde. **Die mit rund 26 Prozent Salz gesättigte Sole wurde in solchen Pfannen gekocht.** Das Wasser verdampfte und zurück blieben nach drei bis vier Stunden pro Pfanne rund 22 Kilogramm „Kochsalz". Dazu wurde unvorstellbar viel Brennholz benötigt, weshalb man viele Buchen- und Eibenwälder abholzte. In 54 Siedehäuser wurde rund um die Uhr gearbeitet. Bis zu 13-mal pro Tag wiederholte sich der Siedevorgang – und das bei vier Pfannen pro Haus.

Museum Lüneburg
Willy-Brandt-Straße 1
21335 Lüneburg
Tel.: 04131 7206512
www.museumlueneburg.de

Ein Liter Lüneburger Sole ergab etwa 306 Gramm Kochsalz

56 Lüneburg hat seinen Diamanten

Museum Lüneburg
Willy-Brandt-Straße 1
21335 Lüneburg
Tel.: 04131 7206512
www.museumlueneburg.de

Er liegt gleich im ersten Raum beim Rundgang durch das Museum Lüneburg und strahlt ein wenig. Es ist der Lüneburger Diamant, Fachname Boracit. Zu finden war er am Kalkberg. Es ist ein Quarz mit hohem Bor-Gehalt. Das Besondere: Weil der Stein 1787 in Lüneburg erstmals entdeckt wurde und glänzt, bekam er den ortsbezogenen Namen und den Zusatz „Diamant". Vom Kalkberg stammt noch ein weiteres Mineral, das dort erstmals 1870 gefunden wurde und auch nach dieser Stadt benannt ist: der Lüneburgit. Er ruht im Schaukasten gleich nebenan.

Strahlend schön wie ein Diamant – entdeckt am Kalkberg

Beklemmende Erinnerungen

57

Seit März 2015 erinnert dieser von Langzeitarbeitslosen restaurierte Güterwaggon der Deutschen Reichsbahn – Modell „Kassel" – an Häftlingstransporte während der Zeit des Nationalsozialismus. Bis zu einhundert Menschen wurden darin eingepfercht. **Als am 7. April 1945 der Lüneburger Bahnhof bombardiert wird, sterben in solchen Waggons mindestens 256 Häftlinge aus dem Lager Wilhelmshaven.** Rund 80 Überlebende, die flüchten, werden bald darauf von der SS erschossen. Im Park südlich des Museums Lüneburg erinnert dieser Waggon als Symbol an die Untaten der Nazis.

Bahnwaggon im Park
Wandrahmstraße 1
21335 Lüneburg

Auf 21,3 Quadratmetern mussten 100 Häftlinge Platz finden

58 Einst eine Furt durch die Ilmenau

Brücke Altenbrückertorstraße
nahe am Museum Lüneburg
21335 Lüneburg

1530 musste hier noch Brückengeld bezahlt werden. Die Familie von Wittdorf ist in den Annalen der Stadt verewigt, die dann 41 Jahre später die Holzbrücke über die Ilmenau übernahm. Seit dem 13. Jahrhundert besteht die Brücke, die eine noch ältere Furt durch den Fluss ersetzte. Erstmals errichteten die Lüneburger 1876 hier eine Steinbrücke. Sie hielt bis 1968. Doch auch an der neuen Brücke sind noch das alte, reich verzierte Geländer mit den Stadtwappen und Nixen zu bewundern. Hier die Ilmenau zur Innenstadt zu überqueren, ist die schönste Art, sich dem Kern Lüneburgs zu nähern.

Nixen und Stadtwappen zieren das prunkvolle Geländer

Wie auf eine Leinwand getupft

59

Grapengießerstraße
21335 Lüneburg

Es lohnt sich, in den Gassen rund um Am Sande mal hochzuschauen. Die prächtige Fassade von Haus Nr. 15 in der Grapengießerstraße hätte der Besucher sonst schlicht verpasst. Sorgfältig restauriert, mit Blumen vor den kleinen, bleiverglasten Fenstern verschönert, wirkt der Dreiecksgiebel, als hätte ihn ein Kunstmaler auf seine Leinwand getupft. Und das in einer der ältesten Straßen Lüneburgs. **Sie verband die Burg auf dem Kalkberg mit der alten Siedlung Modestorpe an der Ilmenau.** Der Straßenname geht auf Grapen zurück, das sind Kochtöpfe. Denn in dieser Gasse wohnten im 15. Jahrhundert die Erzgießer, die sie herstellten.

Blühende Schönheit in rotem Backstein – ein Giebeltraum

60 Genießen in der nächtlichen Gasse

Heiligengeiststraße
21335 Lüneburg

Flair in der Gasse – das ist unverkennbar. Auch der Blick in die meist unverhängten Fenster in Lüneburg ist nachts leicht möglich. Da ist es eine Freude, zum Beispiel durch die Heiligengeiststraße zu gehen. **Hier die Kutscherstuben (Haus Nr. 45), da das Mälzer Brauhaus zu Lüneburg anno 1997 (Haus Nr. 43).** Aber schon 1540 war an diesem Ort eine Braustätte. Später gründete Jacob Crato hier eine Weinhandlung. Doch der Name rührt vom Hospital zum Großen Heiligen Geist her. Früher war die Straße die Verbindung von der Siedlung Modestorpe zur Saline im Westen.

Kutscherstuben und Mälzer Brauhaus verbreiten abendliches Flair

Langsam verblasst das Warenangebot

61

Untere und Obere Ohlingerstraße
21335 Lüneburg

Lange dauert es nicht mehr, dann wird die schwache, schwarze Schrift an der Hauswand verblasst sein. Nun gibt es auch schon lange keine Colonialwaren mehr, wie sie hier einst Friedrich Küster zusammen mit „Fettwaren" anbot. Dazu gehörten Speck, Schmalz, Tran, aber auch Butter und Käse. Doch der Blick in die Untere und Obere Ohlingerstraße, die hauptsächlich von Handwerkern bewohnt waren, offenbart ein illustres Stück Vergangenheit. **Verblasst sind auf der Hauswand übrigens schon die Worte „Emaille, Hausstandsgut, Glas, Steinzeug & Porzellan".** Sie lassen sich allenfalls noch erahnen.

Mehr als 100 Jahre zurück liegt die Zeit der „Colonial- & Fettwaren"

62 Der Retter der Altstadt

Arbeitskreis Lüneburger Altstadt e. V.
Untere Ohlingerstraße 7
21335 Lüneburg
Tel.: 04131 267727
www.alaev-lueneburg.de

In diesem Haus wohnt Curt Pomp, Initiator einer Bürgerinitiative gegen den Abriss alter Häuser in der Altstadt. 1972 gründete sich der Verein, der dann zwei Jahre später in den Arbeitskreis Lüneburger Altstadt mündete. Im Senkungsgebiet zwischen Saline und Michaeliskirche waren ab 1956 immer mehr Häuser dem Verfall preisgegeben. Ein großräumiger Abriss war geplant. **Pomp und dem regen Verein ist der Erhalt der einzigartigen Altstadt zu verdanken.** Sein Leitspruch – bezogen auf die Planer des Abrisses – steht am Giebel: „Herr schütze mich und die hier hausen vor Planern und Kulturbanausen."

Curt Pomp ließ auch sein gerettetes Haus reich verzieren

63

Zwischen Maggi und „Lüne Knäcke"

Die 1950er-Jahre sind höchst lebendig. **In einer Ausstellung des Deutschen Salzmuseums sind Zimmer im Retrolook eingerichtet.** Das Teeservice steht auf dem Tisch, die Zigarren liegen bereit, im Fernsehen läuft ein Spielfilm in Schwarz-Weiß. Dann sind Szenen aus alten Nachrichtensendungen des Nordwestdeutschen Rundfunks zu sehen. Im Regal eines Lebensmittelladens aus jener Zeit stehen die damaligen Markenprodukte aufgereiht. Da finden sich neben Maggi-Rindsbouillon und Bahlsen-Sticks auch Eduscho oder Bärenmarke sowie natürlich „Lüne Knäcke". Eine amüsante Zeitreise!

Deutsches Salzmuseum
Sülfmeisterstraße 1
21335 Lüneburg
Tel.: 04131 7206513
www.salzmuseum.de

Die Zigarren liegen bereit, der Tee kommt gleich

64 Kutscher bringen einen zum Lachen RR

Andreas Gensch
Am Bahndamm 15
21358 Mechtersen
04178 8542
www.erlebnis-kutschfahrten.de

Lüneburger Kutschen
Klostergarten 6
21335 Lüneburg
Tel.: 04131 864923
www.lueneburger-kutschen.de

Ob allein, zu zweit oder in der Gruppe, die Fahrt durch die Gassen in einer Pferdekutsche ist ein besonderes Erlebnis. **Kutscherin oder Kutscher erzählen dazu flotte Geschichten, halten an den entsprechenden Orten im Stadtbild und sind auch sonst recht unterhaltsam.** Sie bringen einen gern zum Lachen. Auf der Tour zu den Drehorten der „Roten Rosen" ziehen die Pferde das Gespann zu den aus dem Fernsehen bekannten Ecken Lüneburgs. Die gummibereiften Holzräder sichern trotz Kopfsteinpflaster ein weitgehend ruhiges Dahingleiten. Ein Erlebnis.

Fröhlich durch die Gassen

Das Backzentrum

65

Mit seinem Treppengiebel ist das Backhaus Am Sande von 1493 ein besonderes und altes Haus. Unten am Eingang zur Bäckerei – es befindet sich wieder eine in dem Gebäude – ist auf einer Tafel die Reihe der Besitzer abzulesen. Die ersten zwölf Jahre gehörte es dem Bäcker Marten Bruns, der es dann an einen Herrn Benhorn verkaufte. **Mit Angaben von Witwen, Erben und Gläubigern ergibt sich eine muntere Besitzerschaft.** Auch ist abzulesen, ob der Eigentümer Bäcker, Lüneburger Bäcker oder Weißbäcker war. Ein Backhaus, das mehr als 500 Jahre überwiegend diesem Zweck diente, ist schon eine Besonderheit.

Backhaus
Am Sande 6/7
21335 Lüneburg

In den oberen Etagen wachsen schon kleine Pflanzen

66

Stern-Steinchen im Pflaster

Pflastermosaik von Sternsche Buchdruckerei

Am Sande
21335 Lüneburg
www.vonsternsche
druckerei.de

Es waren die kunstvollen Bibeldrucke, die der 1614 gegründeten Buchdruckerei von Johann und Heinrich Stern sozusagen Flügel verliehen. Ein Mosaik im Pflaster an der Ostseite von Am Sande am Abzweig nach Norden zur Straße Am Berge erinnert daran. Schon 1580 hatte die Familie eine Buchbinderei und -handlung in Lüneburg. Um 1800 waren sieben Buchdruckpressen im Einsatz. Seit 1949 druckt der Betrieb die „Landeszeitung für die Lüneburger Heide", wie sie heute heißt. **Die Druckerei ist noch immer aktiv und zog 1982 ins Gewerbegebiet Lüneburg-Ost.** Sie wird in vierzehnter Generation betrieben und ist hochmodern.

Filigranes Mosaik am Ostende von Am Sande

Ruhepol im Innenhof

67

Eine schmale Gasse führt am Ostende von Am Sande zu einem verschwiegenen Innenhof. Hier befand sich früher die Druckerei Stern. **Auch das Hauswappen der Familie Crato ist an einer Hauswand zu finden.** Es ist ebenfalls an der Crato-Villa (Am Schifferwall 1/Lünertorstraße) angebracht. Doch dieser Innenhof ist ein Idyll. Wer sich hier umschaut, die restaurierten Fachwerkgiebel, die Mauer mit den Rundbogen sowie die Bäume und Pflanzen betrachtet, erlebt einen Ruhepol. Der Blick fällt auch auf die Spitze der St. Johanniskirche nebenan. Was für ein Erlebnis – sozusagen Lüneburg von hinten betrachtet.

Innenhof der ehem. Druckerei Stern
Am Sande
21335 Lüneburg

Roter Stein, grüne Bäume und blauer Himmel – einfach idyllisch

68 Der tiefe Griff in die eigene Tasche

Wohnhaus
Papenstraße 25
21335 Lüneburg

Hausbesitzer klagen gern über ihre Kosten. Doch hier hat jemand über 22 Jahre lang ein Haus saniert, kleine Wohnungen mit Innenhof geschaffen und die Gestalt des Gebäudes erhalten. Allein die 140 rotbraunen Fenster mit der typischen „Lüneburger Sprosse" sind ein Vermögen wert. „Ich habe 2.000 Euro das Stück bezahlt", erklärt der Besitzer und verweist auf einen Betrag von fast zehn Millionen Euro, die er über all die Jahre in dieses Wohnhaus gesteckt hat. Das ist aller Ehren wert, denn nur so lassen sich die Substanz und das Stadtbild von Lüneburg auf Dauer erhalten und festigen.

Die rotbraunen Fenster zeigen die „Lüneburger Sprosse"

Lockere Stimmung RR

69

Es ist ein zentral gelegenes Veranstaltungs-Lokal mit Hinterhof zum Sitzen. Es hat eine lauschige Bar, hohe Räume, große Fotos an der Wand und ein Sofa. Es gibt Krimi&Dinner oder ein rauschendes Fest am warmen Büfett (für Gäste zu buchen). Schon 1438 stand hier ein Gebäude. **Tanzhaus, Brauhaus und Hotel waren schon darin.** Als französisches Café diente es dem Aufnahmeteam der „Roten Rosen". Neulich war die Band „schön dick butter" da, alles Lüneburger. Sie spielten auf, und schon war Jubel und Trubel im Saal. Es ist einfach eine Freude, hier einzukehren.

Stadtgespräch
Am Sande 25
21335 Lüneburg
Tel.: 04131 402588
http://stadtgespraech.amsande25.de

Die Lüneburger Band „schön dick butter" spielt auf

70

Gottesbuden – ein Juwel

Roter Hahn
Rotehahn-
straße 14–19
21335 Lüneburg
www.hansestadtlue
neburg.de

Wer hinter die drei Fachwerkgiebel schaut und in die magische Stimmung des Innenhofs vom Roten Hahn eintaucht, ist begeistert. Hier stehen die einst von reichen Spendern gestifteten Häuser, in denen Arme und Kranke ihren Lebensabend verbrachten. Sie beteten für den edlen Spender. Daher der Name „Gottesbuden". Heute kümmert sich die Lüneburger Bürgerstiftung um die Häuser, ein bedeutendes Denkmalensemble. **Nach Umbauten und Sanierung sind hier elf kleine, mietgünstige Wohnungen entstanden.** Wenn Wohnraum frei wird, sollen mehr Frauen und Künstler einziehen, wünscht sich die Bürgerstiftung.

Wohnen in einem bedeutenden Denkmalensemble

Spielen, entspannen und durchatmen

71

Die lang gezogene Senke war einst Teil des Stadtgrabens. Zwischen Bardowicker Tor und der Bastion stand früher die Stadtmauer. Im 20. Jahrhundert wurde eine dreibogige Holzbrücke über den Liebesgrund gebaut, die bis zum Abriss 1940 als Verbindung vom Rathaus in den Norden diente. **Wer heute durch die Allee auf der Bardowicker Mauer spaziert und in den Liebesgrund hinabblickt, sieht im Sommer oft Menschen beim Picknicken, Lesen oder Spielen.** Ein fröhlicher Ort im Grünen ist zu erkennen, der nach wie vor auch von Liebenden gern genutzt wird.

Liebesgrund
Am Stadtring/
Hindenburgstraße
21339 Lüneburg

Entspannen zwischen Licht und Schatten an der Bardowicker Mauer

72

Die eilige Johanna

Gördeschlacht-Denkmal
Bastion
21339 Lüneburg
www.friedenspfad-lueneburg.de

Auf einem Friedenspfad wird in Lüneburg an Krieg und Frieden erinnert. Die Friedensstiftung Günter Manzke, 1995 gegründet, hatte die Idee dazu. Das Gördeschlacht-Denkmal an der Bastion ist eine Station des Friedenspfades und ehrt Johanna Stegen. Sie war die Tochter eines Salzsieders und bewies großen Mut, denn sie versorgte die Soldaten am Neuen Tor im Kampf gegen napoleonische Truppen 1813 mit Munition. Die holte sie in ihrer Schürze aus einem verunglückten Nachschubwagen. Er hatte Radbruch erlitten. Die Franzosen setzten sogar eine Kopfprämie auf Johanna aus, doch sie verloren den Angriff.

Seit 1913 ehrt dieses Denkmal die Munitionsträgerin

Nur ein paar Schritte zur Innenstadt

73

Nur wenige Schritte nördlich der Innenstadt liegt der Kreidebergsee. Wer um ihn herumspaziert, blickt auf die Kalksteilwände im nördlichen Teil und ins Grün des Ufersaumes. **Das 14,5 Hektar große Naherholungsgebiet entstand durch den Gipsabbau.** Eine seltene Salzflora hat sich eingestellt. Es gibt Liegeflächen, doch das Baden ist offiziell verboten. Oberhalb der Felsen bietet sich ein wunderbarer Rundumblick auf die Stadt. Ein rotes Dächermeer mit Kirchturmspitzen erfreut den Betrachter. Der Kreidebergsee mit seiner Umgebung ist ein lohnendes Nahziel selbst für den Kurzzeitbesucher.

Kreidebergsee
Am Kreideberg
21339 Lüneburg

Kreidefelsen sind das besondere Merkmal des Sees nahe der Innenstadt

74

Der Meister stempelte seine Ziegel

Torringer Backsteinwerk
Heiligenthaler Straße 1
21335 Lüneburg
Tel.: 04131 74770

Der Meister hinterließ sein Markenzeichen – auf jedem Ziegel. Hier ist es ein Wagenrad, das jedem signalisiert, wer dieses rotbraune Stück geformt und gebrannt hat. In manchen Innenhöfen sind sie bei Rundgängen mit der Stadtführerin zu begutachten. Sie erinnern an das Ende einer 120-jährigen Industriegeschichte. Seit 2009 ist die letzte Ziegelei in Rettmer geschlossen. Der Ton kam aus einer Grube rund 1,5 Kilometer entfernt. Seit 2014 aber legt der jüngste Spross der „Ziegelei-Familie" Fuhrhop wieder Hand an: Er formt und brennt Ornamentsteine passend für das Restaurieren mittelalterlicher Gebäude.

In einigen Innenhöfen sind noch Ziegel mit Stempel zu sehen

Auf zum Flohmarkt in der Sülzwiese

75

450 Parkplätze sind auf der Sülzwiese vorhanden. Nur sieben Minuten dauert der Fußweg von hier zur Innenstadt. **Die Parkflächen sind beliebt. Das gilt auch für die steigende Zahl der Wohnmobilisten.** Sie stellen ihre oft sehr ausladenden Fahrzeuge ab und schlendern durch die nahen Gassen Lüneburgs. Doch mehrmals im Jahr wird hier samstags von 8 bis 16 Uhr auch Flohmarkt abgehalten. Dann bieten die Verkäufer antike Uhren, Lampenschirme und Stühle auf. Oder es wird Geschirr mit altem Muster feilgeboten. Das Treiben ist bunt und unterhaltsam. Die „spitze Nadel" von Heiligengeist ist immer im Blick.

Flohmarkt Sülzwiesen
Schnellenberger Weg
21339 Lüneburg
www.marktcom.de

Entdeckungen zwischen Teeservice, Äpfeln und Nähkästchen

76 Die aktive Oberschule am Wasserturm

Oberschule am Wasserturm
Haagestraße 1
21335 Lüneburg
www.saw-lueneburg.de

Der Brunnen aus Mosaiksteinen ziert seit 2008 den Schulhof der „Oberschule am Wasserturm". Er erinnert etwas an die Kunst von Friedensreich Hundertwasser. Das Gebäude dazu sieht allerdings anders aus, stammt von 1872 und wurde im Zweiten Weltkrieg als Lazarett genutzt. Die frisch gestrichene Schule sieht schmuck aus. Und die Schüler sind sehr aktiv: **Schüler der zehnten Klasse bieten mittwochs und sonntags Führungen im Wasserturm an.** Die Texte dazu haben sie sich selbst erarbeitet. Das Ganze ist für die Schüler freiwillig, aber rund die Hälfte eines Jahrgangs macht mit.

Der Brunnen symbolisiert fröhliche Aktivität

Die vielen Wege zur Kunst

77

Wer sich in Lüneburg auf die Suche nach Kunst begibt, wird schnell viel finden. Zum einen hat fast jedes gute Café Bilder zum Betrachten, die Volkshochschule, die Industrie- und Handelskammer oder auch die Bibliotheken. **Zum anderen sind private Galerien quer durch die Stadt verteilt.** Es gibt die Galerie Meyer, die Galerie im Zieglerhof oder die Galerie im Alten Kaufhaus. Kunstschulen, der Kunstverein und die Halle für Kunst (Reichenbachstraße 2) bemühen sich um die Vermittlung von Kunst. Ein Blick in die Ateliers ist in der „Kulturbäckerei" möglich (siehe Nr. 7).

www.galerie-im-zieglerhof.de

www.galerie-im-alten-kaufhaus.de

www.kulturbaeckerei-lueneburg.de

Ursula Blancke-Dau verbindet in der Kulturbäckerei Malerei und Grafik

78 Die weiche Matte verzeiht jeden Fehlgriff

Kraftwerk
Pulverweg 6
21337 Lüneburg
Tel.: 04131 7208612
www.kraftwerk-lueneburg.de

Das Klettern ohne Seil oder Gurt an Felswänden oder – wie hier im „Kraftwerk" – an künstlichen Wänden heißt Bouldern. Es ist eine eigene Disziplin des Sportkletterns, die wahnsinnig beliebt ist. Die Grifffarben signalisieren schon den Schwierigkeitsgrad. **In der 1.100 Quadratmeter großen Halle gibt es sehr viele Routen zum Auf- und Abstieg.** Die Sportkletterer üben einzeln oder in Gruppen und sind zu bewundern. Es ist die faszinierende Kombination aus Kraft und Köpfchen, die dem Boulderer Flügel verleiht. Wie behände manche senkrecht die Wand hochgehen, verschlägt Zuschauern leicht den Atem.

Auf zum Training – mit Kletterschuhen und Magnesia

Salz auf der Haut

79

Mit vier Prozent Lüneburger Natursole im warmen Wasser (das Außenbecken hat 32 Grad) wird der Besuch in der Salztherme zum Wohlfühlerlebnis. Unterwassermusik im Entspannungsbecken, 1.200 Quadratmeter Sauna- und Wellnesslandschaft oder ein Rasulbad nach einem jahrtausendealten Zeremoniell – der Gast wird seine Freude haben. Kinder surfen auf Wasserbrettern, reiten auf Wassertieren oder gleiten über die Rutschen. **Die 90-Meter-Riesenrutsche ist wie der Staudamm mit Wasserfass ein Erlebnis.** Ein Tag in der Salztherme entspannt wie ein Urlaubstag.

SaLü Salztherme Lüneburg
Uelzener Straße 1-5
21335 Lüneburg
Tel.: 04131 7230
www.salue.info

Abtauchen und wohlfühlen – ein Tag in der Therme ist wie Urlaub

80 Neue Stühle für das Große Haus

Theater Lüneburg
An den Reeper-
bahnen 3
21335 Lüneburg
Tel.: 04131 7520
www.theater-luene
burg.de

Kleine Schilder in der Rückenlehne der Theaterbestuhlung lassen auf den Paten schließen, den Stuhlpaten. **Dieser hat 100 Euro bezahlt, damit im Sommer 2015 die Sanierung im Großen Haus mit 542 Plätzen reibungslos über die Bühne gehen konnte.** Dazu gibt es noch die Spielstätten „Studiobühne T.NT" mit 99 und die „Junge Bühne T.3" mit 140 Plätzen. Musiktheater, Schauspiel, Tanz mit jeweils einem hauseigenen Ensemble sind herausragend bei einem der kleinsten Dreispartenhäuser Deutschlands. Die Lüneburger Symphoniker sind das Hausorchester. Das Programm ist beeindruckend.

Ein Elefant begrüßt die Gäste

Audi maximus?

81

Der weltbekannte US-Architekt Daniel Libeskind, der schon das Jüdische Museum Berlin entwarf, plante das neue Zentralgebäude mit dem Audimax. Allerdings gehört das Projekt in die Reihe bekannter Bauten, deren Kostenrahmen explodierte. Zunächst waren 57,7 Millionen Euro für das 38 Meter hohe neue Erkennungszeichen der Leuphana Universität vorgesehen. Doch der Rohbau ruhte lange. Nun soll er ab 2017 für vermutlich 125 Millionen Euro seinen Zweck erfüllen. **Der in New York lebende Libeskind ist nebenberuflich Professor an der Lüneburger Universität** und schaut daher öfter mal vorbei.

Audimax Lüneburg
Scharnhorststraße 1
21335 Lüneburg
Tel.: 04131 6771007
www.leuphana.de

Audimax auf dem Weg ins 21. Jahrhundert – mit Daniel Libeskind

82

Temperierte Teppiche

Textilmuseum Kloster Lüne

Am Domänenhof
21337 Lüneburg
Tel.: 04131 52318
www.kloster-luene.de

In dem temperierten, abgedunkelten Museum sind die Schätze an textilen Kunstwerken ausgestellt, die Frauenhände in diesem Kloster einst erschufen. Altardecken und Fastentücher aus dem 13. Jahrhundert sind zu bewundern. Banklaken und große Teppiche, zwischen 1492 und 1508 gefertigt, kann der Gast erblicken. **Es sind große, filigran gearbeitete Stücke, die hier an schattigem Ort seit 1995 ganzjährig ausgestellt sind.** Über einen überdachten Laubengang ist das neue Museum an das historische Ensemble angeschlossen. Gern erläutern die Konventualinnen bei Führungen auch die Einzelheiten der Stickereien, die ihre Vorgängerinnen hier geschaffen haben.

Von 1500 bis 1502 wurde dieser Teppich gefertigt

Verwoben mit der alten Zeit

83

Es ist der Heinz-Friedrich-Meyer-Stiftung zu verdanken, dass im ehemaligen Betsaal des Klosters Lüne wieder gewebt wird. Die Webstühle sind hergerichtet, das Webhandwerk wird weitergeführt. Das Schönste: Jeder kann einen kleinen Lehrgang belegen und sich ein paar einfache Stücke in seiner Lieblingsfarbe anfertigen. **Es gibt auch Web- und Spinnkurse für Kinder – acht Stunden auf zwei Tage verteilt.** Doch Vorsicht: Junge Menschen denken bei einem Webkurs zuerst ans Internet. Wer nicht selbst Hand anlegen möchte, kann sich die guten Gewebe, die hier entstanden sind, kaufen (siehe Nr. 4).

Weberei im Kloster Lüne

Heinz-Friedrich-Meyer-Stiftung
Sophia-von-Bodendike-Platz
21337 Lüneburg
Tel.: 04131 409648
www.weberei-im-kloster-luene.de

Edles Gewebtes aus Wolle, Leinen oder Seide steht bereit

84 Wilschenbruch ist am kleinsten

Teufelsbrücke
Düvelsbrooker Weg
21335 Lüneburg

Nördlich der Teufelsbrücke liegt Wilschenbruch, der allerkleinste Stadtteil Lüneburgs mit rund 620 Einwohnern, idyllisch an der Ilmenau. Familie von Meding führte hier schon 1360 einen Lehnshof, der 1466 an Dietrich Wülsche verpfändet wurde. Von ihm leitet sich der heutige Name des Gebietes ab. **Das Stadion Wilschenbruch war von 1905 bis 2014 Heimat des örtlichen Fußballvereins, die 1921 erbaute Holztribüne sogar eine der ältesten in Deutschland.** Auf dem ehemaligen Gelände des insolventen Fußballvereins Lüneburger SK Hansa stehen nun mehr als 20 Villen. Im Süden schließt sich der Tiergarten an.

Die Teufelsbrücke ist ein beliebtes Ziel an der Ilmenau

109 Kilometer Ilmenau

85

Der größte Fluss der Lüneburger Heide fließt mal gemächlich, mal schnell dahin. Die Quellflüsse Gerdau und Stederau bringen sie südlich von Uelzen zu Weg. **18 Kubikmeter Wasser pro Sekunde führt die Ilmenau mit sich. Kanufahrer lieben diese Strömung.** Zwischen Uelzen und Lüneburg stört auch nur ein Wehr unterhalb von Bad Bevensen die ansonsten flotte Fahrt. Sonst aber versprüht die Ilmenau den Charme eines mäandernden Flusses, der seine Kurven mag. Als Zwischenstopp empfiehlt sich das Bootshaus-Ilmenau in Melbeck, wo sich rund acht Kilometer südlich von Lüneburg vorzüglich speisen lässt.

Rote Schleuse
21335 Lüneburg

An der Roten Schleuse versprüht die Ilmenau ihren natürlichen Reiz

86

Der Spaß: Flussbaden in der Ilmenau

Ilmenau
rund um die Teufelsbrücke
östl. Düvelsbrooker Weg im Wilschenbruch

Sich treiben lassen – was für eine Entspannung! An warmen Sommertagen ist der Sprung in die Ilmenau eine grandiose Abkühlung. Nahe der Roten Schleuse und der Teufelsbrücke weiter nördlich liegen die idealen Einstiegsorte. Diese naturverbundene Art des Badens gewinnt immer mehr Anhänger. Doch Vorsicht: Ein Ausflugsschiff ist gelegentlich auf dem Abschnitt von der Roten Schleuse bis Schröder's Garten unterwegs. **Noch ein Tipp: Etwa zehn Minuten von der Teufelsbrücke aus zu Fuß nach Norden in Richtung Amselbrücke hängt ein Tau vom Baum über der Ilmenau.** Herrlich für Sprünge mitten in den Fluss!

An warmen Tagen die beste Art der Abkühlung: Flussbaden

Treideln nach Bardowick

87

Einst zogen kräftige Männer an Seilen hier auf den Uferwegen die Lastkähne in der Ilmenau voran – das nannte man Treideln. Dieser Pfad eignet sich für eine kleine Radtour, die am Alten Hafen in Lüneburg startet. Die fünf Kilometer führen am linken Flussufer entlang. Bald kommt nördlich der Bundesstraße, die unterquert wird, das Landwehr. Reste des Wall- und Grabensystems sind noch erhalten. Nach der Schleuse ist der Turm der Kapelle des Nikolaihofes das nächste Ziel. **Die Tour endet an der Klappbrücke in Bardowick.** Dort können die Radfahrer (oder Wanderer) auch im Mühlencafé einkehren (siehe Nr. 41).

Alter Hafen

Ecke Lüner Straße
und Salzstraße am
Wasser
21335 Lüneburg
www.ilmenau
radweg.de (Karte
herunterladen)

Die Klappbrücke in Bardowick ist das Ziel des Treidelpfades

88

„Haus der armen Kranken"

St. Nikolaihof Bardowick
unmittelbar vor der Ortsgrenze Bardowicks an der Straße nach Lüneburg
21357 Bardowick
Tel.: 04131 120100
www.samtgemeinde-bardowick.de

Es ist ein beeindruckendes Ensemble aus der Kapelle St. Nikolai mit Ursprung im 14. Jahrhundert, Freiflächen sowie Altem (von 1316) und Neuem Männerhaus (um 1700). Dort brachte die Stadt Lüneburg einst Leprakranke unter. Aus Angst sich anzustecken, wurden die unheilbar Kranken außerhalb der Stadtmauern isoliert. 1316 tauchte erstmals der Name St. Nikolaihof auf, der bald in ein Altenheim umgewandelt wurde. Das war recht modern: Lüneburger konnten sich schon damals dort einkaufen und ihren Lebensabend verbringen. Kapelle und Männerhaus mit einem museal hergerichteten Zimmer sind sehenswert.

Die Kapelle St. Nikolai ist hübsch anzusehen

Der Dom zu Bardowick zeigt Stärke

89

Schon Karl der Große gründete hier im 8. Jahrhundert eine Kirche. Vermutlich war das Dorf als Bischofssitz vorgesehen. **Der heutige Dom stammt in seinen ältesten Teilen aus der Zeit vor 1189, als Heinrich der Löwe Bardowick zerstören ließ.** Bis dahin war Bardowick eine der mächtigsten Handelsstädte Norddeutschlands. Der romanische Westteil mit seinen zwei imposanten Türmen ist am ältesten. Kreuzgratgewölbe befinden sich darunter. Das Innere des Doms ist beeindruckend. Immer wieder pilgern Gäste zu dem imposanten Bauwerk, das an die einstige Macht des Ortes erinnert.

St. Peter & Paul
Beim Dom 9
21357 Bardowick
Tel.: 04131 121143
www.lueneburger-heide.de

Der rote Backstein der Hallenkirche mit zwei Türmen beeindruckt

90 Hund mit Anhänger

Heimatmuseum Gildehaus

St. Johannisstraße 3
21357 Bardowick
Tel.: 04131 129242
www.bardowick.de

Wer heute von einem Hundewagen spricht, meint eine Karre wie für Kinder, nur eben für die geliebten Vierbeiner. Sie können darin wettergeschützt auch weitere Strecken gefahrlos transportiert werden. Wer im Heimatmuseum von Bardowick steht, trifft hingegen auf einen Hundewagen alter Art. Er war für arme Leute und ähnelte einer Miniaturkutsche oder einem Handkarren. **Die Bauern hatten für Pferde kein Geld, also spannten sie einen Hund ins Geschirr vor ihre vierrädrigen Wagen.** In ihm wurden die Feldfrüchte, Heu oder andere Waren transportiert.

Hunde zogen die Karren mit Waren

Gehen über das schwankende Krokodil

91

Fast 70 Stationen und dann dieser „Free Fall" aus 15 Metern Höhe: Der Kletterwald hat seine Besonderheiten. Im Buchenwald nahe dem Schiffshebewerk lässt es sich trefflich Höhen erklimmen. Die Einweisung ist perfekt, das doppelte Sicherungssystem intelligent. Für die Kleinen sind Höhen von drei bis vier Metern vorgesehen. Da kann man sogar über ein Krokodil gehen – aus Holz versteht sich. Die Großen bewegen sich in Höhen bis zu 15 Metern. **Die ganz Mutigen sind dann auf dem Seilrutschparcours zu finden.** Er breitet sich über 435 Meter aus.

Kletterwald Scharnebeck

Adendorfer Straße 31
21379 Scharnebeck
Tel.: 04136 911897
www.kletterwald-scharnebeck.de

Klettern von Baum zu Baum ist hier besonders reizvoll

92 Strandgefühl am Inselsee

Inselsee Scharnebeck
direkt am Elbe-Seiten-Kanal in der Nähe von Scharnebeck

Förderkreis Inselsee Scharnebeck e. V.
Am Hang 9
21379 Scharnebeck
Tel.: 04136 910077
www.scharnebeck-inselsee.de

So eine Badebucht mit Strand ist selten in dieser Region. Aus einer Baggergrube zum Kiesabbau für den Elbe-Seiten-Kanal entstand 1974 der Inselsee, der seit 2005 vom Förderverein liebevoll betreut wird. Ein niedergebranntes Haus mit Toiletten, Kiosk und DLRG-Station wurden wiederaufgebaut. Und das Besondere: Die Anlage steht den Besuchern kostenlos zur Verfügung. Zudem ist das jährliche Familienfest immer ein Höhepunkt in der Saison. Der Südteil des Sees ist nach wie vor den Bibern, Schwänen und Eisvögeln vorbehalten – eine Naturzone eben.

Familien fühlen sich im Naturbad wohl

Der Traumweg hat historische Wurzeln

93

Traumstraßen können so aussehen. Jedenfalls ist die Landschaft südlich vom Lüneburger Ortsteil Häcklingen ein Terrain für Radler und Spaziergänger. Birken und Eichen säumen die Wege. Der Blick schweift in Felder und Wiesen. Die historischen Wurzeln sehen jedoch so aus: In Häcklingen bezog der britische Feldmarschall Bernard Montgomery Quartier und nahm am 4. Mai 1945 die Teilkapitulation der Kampftruppen in Norddeutschland entgegen. Das geschah östlich von hier am Timeloberg hinter Deutsch Evern. **Dort also wurde das Ende des Zweiten Weltkrieges eingeleitet.**

Feldweg
südlich des Ortes
21335 Häcklingen

Eichen und Birken säumen den idyllischen Feldweg

94 Die Leichtigkeit des Schwebens RR

Luftsportverein Lüneburg e. V.
Zeppelinstraße 1
21337 Lüneburg
Tel.: 04131 8549214 (Tower) oder 51370
www.edhg.de

Die Graspiste ist vom Café „Graf Zeppelin" aus gut zu sehen. Hier starten und landen von März bis Oktober Segelflugzeuge. An den Wochenenden können Gäste mitkommen. Was für ein Gaudi, Lüneburg und die Umgebung aus der Vogelperspektive zu betrachten. Auch Motorflugzeuge stehen bereit. Am besten vorher nachfragen, ob ein Plätzchen frei ist. **Wer mehr möchte: Die Ausbildung für den Segelflugschein lässt sich schon mit 14 Jahren beginnen.** Für manche wird es sogar zum Beruf. Aber auch zum einfachen Zuschauen der Flugkünste ist der Luftsportverein mit dem kleinen Tower eine gute Anlaufstelle.

Mit der Winde werden die Segelflugzeuge hochgezogen

Von der hohen Kunst der Unterhaltung

95

Hier tanzen die Puppen. Hier zeigen Bands zu den Niedersächsischen Musiktagen ihre Spielsicherheit. Was der Förderverein Kulturforum seit seiner Gründung 1986 aus der Ruine auf Gut Wienebüttel am Westrand Lüneburgs gemacht hat, ist beachtlich. **Konzertreihen, Vorträge, Vernissagen, Kabarett, Kindertheater – alles geht hier auf hohem Niveau über die Bühne.** Der Verein vermietet das Haus im Grünen gern für private Feiern. Im Frühjahr sind die „Lüneburger Jazznights", dann die „Wienebütteler Sommernachtsmusik". Bald öffnet die „Intensiv-Station", der satirische Wochenrückblick des NDR.

Kulturforum Lüneburg e. V.

Gut Wienebüttel 1
21339 Lüneburg
Tel.: 04131 671355
www.kulturforum
lueneburg.de

Eine Scheune voll bester Kulturangebote – im Gut Wienebüttel

96

Eine Nacht im Schlaf-Fass

Campingplatz Rote Schleuse
Rote Schleuse 4
21335 Lüneburg
Tel.: 04131 791500
www.camprote schleuse.de

Das Lokal auf dem Campingplatz ist sogar bei Einheimischen begehrt. Sie kommen sonnabends zum Frühstück. Im September wird bayerisches Oktoberfest gefeiert. Doch nahe der Ilmenau im Mischwald findet sich noch etwas Ungewöhnliches: Ein großes Weinfass zum Wohnen. **Das Schlaf-Fass ist für zwei Personen locker geeignet und eine urige Erfahrung.** Radfahrer nutzen gern die neuartige Form der Unterkunft. Morgens geht es dann in den biologischen Badeteich zur Erfrischung. Auch Kanus lassen sich in der Anlage ausleihen. Es ist das perfekte Outdoor-Feeling, was sich schnell einstellt.

Wie einst Diogenes – schlafen in der Tonne

Alles ist im Fluss

97

Sich beim Paddeln auf der Ilmenau einem Kanu-Anbieter anzuvertrauen, hat den Vorteil, dass er alles bereitstellt und die Kanus am Ende auch wieder abholt. **Oder wie wäre es mit „Paddel und Pedal"?** Da geht es erst mit dem Rad von Lüneburg aus durch die Ilmenauniederung und angrenzende Wälder nach Bienenbüttel und von dort mit dem Kanu zurück bis in die Lüneburger Innenstadt. Das Paddeln allein oder zu mehreren ist ein riesiger Spaß. Die Landschaft ist meist gut einzusehen, der Fluss hat gute Strömung und Kurven – prima!

Kanu aktiv
Tel.: 05823 955339
www.kanuaktiv.de

Heide-Kanu
Tel.: 04132 933933
www.heide-kanu.de

Kanustation Melbeck
Tel.: 04134 33989
www.kanustation-melbeck.de

Erst einmal den richtigen Rhythmus finden

98

Heidelandschaft mit Wacholder

Marxener Paradies
Drögennindorfer Straße
21385 Oldendorf/Luhe OT Marxen am Berge

Tourist-Information
Marktstraße 1
21385 Amelinghausen
Tel.: 04132 920943
www.amelinghausen.de

Auch nahe am Lopausee bei Amelinghausen sind nördlich der Bundesstraße 209 ein paar kleinere Heideflächen zu finden. Sie gehören zum Marxener Paradies. Wacholderbüsche säumen die Wege. Verschlungene Pfade führen durch Kiefernwälder. Es gibt einen Rundwanderweg. **Hier ein paar Stunden zu wandern, den Duft zu genießen und sich von der Landschaft betören zu lassen, ist gekonnte Erholung.** Schäfer mit Schafen oder Heidschnucken kreuzen den Weg. Ein Schafstall steht als Idyll am Waldrand. Die nächste Heidefläche bei Amelinghausen heißt Rehrhofer Heide (westlich des Ortes in Richtung Bispingen).

Wacholderbüsche, violette Heideblüten und Kiefern – ein Traum

Mit dem Alpaka entschleunigen

99

Sie geben nicht nur anschmiegsam weiche Wolle, die exotischen Tiere mit den großen Kulleraugen beruhigen und sie tun auch der Seele gut. Schon wer sie anschaut, ist verzückt. **Ihre Gestalt, ihr Gang und ihre Neugier sind besonders.** In Rettmer sind einige von ihnen zu Hause und lassen sich für entspannende Wanderungen mit Führer mieten. „Wir kommen aber auch zu Ihrem Fest. Kindergeburtstage werden zum Renner, wenn die Tiere dabei sind", verspricht Besitzerin Astrid Heidenreich. Jedenfalls beruhigen einen die Tiere. Das berüchtigte Spucken braucht dabei niemand zu fürchten. Das gilt nur Artgenossen.

Devil's Stone Alpakas
Pilgerpfad 6
21335 Lüneburg-Rettmer
Tel.: 0163 5283151
www.devils-stone-alpacas.de

Diese Geschöpfe sind kuschelig

Knut Diers ist Reisebuch-Autor, Diplom-Geograf und Redakteur. Er lebt und arbeitet in Hannover, leitet das Redaktionsbüro „Buenos Diers Media" und ist vernarrt in Lüneburg. Diese Stadt hat es ihm angetan. So oft er kann, legt er dort einen Stopp ein oder erkundet mit dem Rad die Umgebung.

Der Verlag und der Autor freuen sich über Ihre Hinweise:
info@mitteldeutscherverlag.de

Haftungsausschluss
Die Angaben in diesem Reiseführer wurden gewissenhaft überprüft. Für die Aktualität, Korrektheit und Vollständigkeit übernimmt der Autor keine Haftung. Der Autor distanziert sich aus rechtlichen Gründen von allen Inhalten der aufgeführten Internetseiten. Auf aktuelle und zukünftige Gestaltung, die Inhalte oder Urheberschaft der angeführten Internetseiten hat der Autor keinen Einfluss.

Fotografien: Knut Diers, außer S. 28: ARD (Fotos: Nicole Manthey); S. 139: Salztherme Lüneburg; S. 159: Astrid Heidenreich

2016

www.mitteldeutscherverlag.de

Gesamtherstellung: Mitteldeutscher Verlag, Halle (Saale)

ISBN 978-3-95462-628-1

Printed in the EU